AF155031

Johann Friedrich Schink

Marionettentheater

Johann Friedrich Schink

Marionettentheater

ISBN/EAN: 9783743330573

Hergestellt in Europa, USA, Kanada, Australien, Japan

Cover: Foto ©ninafisch / pixelio.de

Manufactured and distributed by brebook publishing software
(www.brebook.com)

Johann Friedrich Schink

Marionettentheater

Marionettentheater.

Wien, Berlin und Weimar.
1778.

I.

Hanswurst von Salzburg

mit

dem hölzernen Gat.

Historisch Schauspiel

in drei Aufzügen.

Prolog vom Hanswurſt.

Meine ſehr wehrten Herren und Frauen,
Nach Stand und Würden, wie Sie ſind da!
Willkommen zu unſrer Kommödia.
Werden gar herrliche Sachen hier ſchauen,
Die nicht geweſt, ſint unſer Planete
Am Schöpfungstag, wie am Spieß geſteckt,
Hurliburli um ſeine Axe ſich drehte;
Und all den Kram, den wir oben da ſehn:
Die liebe Sonne, und die Sterlein gar ſchön,
Das alte Chaos ausgeheckt;
Sint Adam und Madam Eva dazu
Verführt vom ſchwarzen Höllenbubu
Am Baum der Erkänntniß ſich dikk gegeſſen,
Und ſich die Sünde am Leibe gefreſſen.
Hätt unſer erſtes Elternpaar
Nicht gebiſſen in'n fatalen Apfel gar:
Säßen wir noch all im Paradieſſen,
Wären nicht ſo gewaltig beſch — ſſen,
Und ich würde nicht den Hanswurſt ſpielen müſſen!

Doch

Doch wieder zu kommen auf die Kommödia:
Sind herrliche Dinge zu schauen da.
Ist bald der Schauplatz in Oesterreich,
Bald in der Turkei, bald auf dem wildem Meere;
Und bald an allen Orten zugleich.
So was wird dem Genie nicht schwere,
Kommen die Helden in grosser Fahr,
Sind drin Duelle und aüerlei
Mord und Spektakel und Mezelei;
Was nur könt geschehn in einem Jahr:
Das ist hier alles in einen Akt
Zusammengeknätet und gepakt.
Wer sich drüber aufhält, der ist fürwahr
Fürs werthe Publikum gesagt, ein Narr.
Machts doch der Doktor Göthe auch so,
Und der Doktor Göthe ist doch ein Genie —
(Sagen's ja alle Kritici!)
Mischt in seinem Schauspiel, wie Hekfel und Stroh,
Ziegeuner und Reitknechte, Pfaffen und Helden,
Lassen sich auch — mit Ehren zu melden —
Die Helden im Arsch lekken, wie solches gar schön
Im Göz von Berlichingen zu sehn.
Und da nun alles Herr Göthen kopiret
Und alle Völker, von Sachsen an

Wie

Wie sie da wohnen, in Braunschweig, und
Hamburg, Berlin, Lübek, Stralsund,
Und alle Völker vom Flusse Mayn
Zur Donau, und von der Weser zum Rhein
Den Narr'n an ihm gefressen ha'n —
Und alles ihm hinten und vorn hofiret
Und alles was schreibt ihn imitiret:
So wird er auch von uns kopiret.
Ist's nicht Natur, wer kehret sich daran?
Hat's doch der große Göthe gethan —
Und das ist doch nun einmal der Wundermann,
Den alles mit ofnem Maule schaut an.
Werden also meine Herren und Frauen
Ein Schauspiel à la Göthe hier schauen:
Wird darin gescheiskerlt, geschwerenoth't und
                    gekakt.
Es folgt nunmehr der erste Akt.

Erster Akt.

Erster Auftritt.

(Eine Wiese vor Salzburg, ein klarer Bach in dem
sich Hanswurst badet, am Ufer liegt sein
Wams und sein Pritschholz. Die Sonne scheint,
man hört Mükken summen, und Frösche quaken.) *)

Hanswurst (im Wasser.)

Ei alle Hagel, das nenn' ich ein Bad
Das sich mein Treue gewaschen hat,
Das Wasser so klare, und dabei so warm,
Wäscht rein von Dreck, wäscht rein von Harm.

Von

*) Solte man wegen Darstellung des Froschgequakes
auf dem Theater verlegen seyn, und man wäre nicht
willens die Frösche selbst auf die Bühne zu bringen;
so giebt es ja bei jedem Theater Alteurs und Altrie-
sen, die nur ihre natürliche Stimme gebrauchen dürfen, um das Froschgequake mit all der Illusion vor-
zustellen, die nöthig ist, dem Zuschauer glaubend
zu machen, er höre wirklich Frösche. Auch würde
der weltberühmte Altonaer Postreuter für
Geld und gute Worte jedem Principal gern diesen
Dienst leisten. Eintemalen er sich diesen Ton so
eigen gemacht, daß selbst die Fröschlein, wenn sie

ihn

Von Fröschlein umquakt, von Müklein umsurrt,
Wird einem das Herz so leicht, und so neu:
Als säß' man im Bade der Wiedergeburt. *)
Da siz' ich nun hier bei meiner Treu!
Als wie weiland die schöne Susanne
Begaft von den Richtern in der Badewanne,
Und denke den wunderlichen Fata nach,
Seitdem ich über Hals und über Kopf
Aus Berlin mich mußt' pakken, ich armer Tropf!
Hatte da so manchen frohen Tag,
Hatt' mich bei dem Volk so eingefressen,
Und lebte in lauter Lüsten und Freud,
Als hätt ich in Abrams Schos gesessen
Hatten mich so gern die lieben Leut,
Kam da als Narre so gut zu recht,
Und lebte wie unter meinem Geschlecht.

A 5 Kam

ihn hörten, ihn für einen aus ihrem Geschlecht halten würden. Das Müklensumsen könten die schönen Geister gut vorstellen, die in den Koulissen der
Meropen und Zayren immer auf die Schleppe
treten.

*) Man wird Hanswursts blasphemische Anspie-
lung auf die heilige Taufe dem Dichter nicht übel
deuten, sintemalen er ein Genie ist, und bekanter-
maaßen es zu unsern erleuchteten Zeiten mit zum
Genie gehört, dem lieben Gott samt seinen Heiligen
und der ganzen Religion ein Schnipschen zu schlagen.

Kam ich mit dem bunten Wams aufs Theater

Das war ein Gejauchze und ein Geschrei

Und ein Geklatsch und ein Gejuchhei!

Freute sich die Tochter, wie die Mutter, der
     Sohn wie der Vater

Ueber meine Schwänk' und Hanswurstereien.

Hatten ein rechtes Vergnügen daran,

Wenn sie sich selber vorstellen sah'n;

Thäten sich drüber gar inniglich freuen.

Mus ihnen lassen das Recht wiederfahren,

Daß wenn sie schon nicht so angezogen waren,

Wie ich, ihr Närre und Pritschenträger:

So waren sie doch meistens meine Schwäger.

Und jeder sieht seines Gleichen gern,

Drum klatschen sie auch immer so die Herrn.

Mein Baron Zwikkel, die Rosinen, und
     Mandel-Batallje,

Die Unruhen von Belvidere behagten das.

Sie kamen gerant, es mocht seyn trokken oder nas.

Hatten's lieber wie Korneliens Geschmiere.

Bis auf einmal die vermaledeite Alzire

Den ganzen Kram über'n Haufen schmiß,

Und mir's liebe Publikum en canaille

Auf einmal auf die Nase sch — ß.

        Da

Da gaben Sie mich den Spittelweibern preis
Die bläuten mich tüchtig --- mein armer Steis
Ging drüber zu Grunde, da hing er in Stükken.
Mußte so gleich zum Tischer schikken,
Der mußt'n mir wieder zusammenflikken,
So hab ich nun 'nen hölzernen Gat.
Doch es ist Zeit! herraus aus dem Bad.

(Hanswurst steigt aus dem Wasser und
legt seine Kleider an.)

Muß nun weiter mein Heil versuchen,
Was hilft all das Sakermentiren, und all das
Fluchen?
Hat doch Göz von Berlichingen der
edle Held,
Den uns Herr Göthe vorgestellt,
Einen eisernen Arm, und in der That
Ist immer noch besser ein hölzerner Gat.
Mit seinem Steis ficht man doch nicht,
Auch fält er einem nicht in's Gesicht.
Und wer weis, ob nicht einmal ein groß Genie
Aus meiner Geschicht, wenn er sie erfährt,
Ein Schauspiel macht; der Stof ist's wert.
Muß drüber lachen, hi, hi, hi,
Wenn in'nem Schauspiel nach historischem Zuschnitt
Einmal mein werthes Ebenbild auftritt.
(Hans

(Hanswurſt ſieht ſich um, und erblickt ein Haus aus
dem Stoffel Knips heraus kömt.)

Sieh da! da ſeh' ich ja ſchon ein Haus
Und ſieh ein alter Mann kömt 'raus,
Muß mit ihm reden dem lieben Mann.
Liebwehrter Herr koint doch herran,
Und nehmt Euch 'nes armen Schelmes an.

Zweiter Auftritt.

Stoffel Knips und Hanswurſt,

Stoffel Knips.

Wer ſchreit denn da wieder auf mich zu?
Man hat auch nicht 'nen Augenblick Ruh;
Das Bettelpak auf allen Ekken
Thuts einem die Zähne entgegenblöken.
Man giebt ſich ganz aus mit all den Almoſen.
(indem er Hanswurſten näher kömt.)
Ei Sapperlot! ein ſchnakſches Geſicht,
Ein rothes Wams, und gelbe Hoſen.

Hanswurſt.

Ach, gnäd'ger Herr, bin ein armer Wicht,
Der manche Gefahr zu Waſſer und zu Landen
Und manch Mirakulum beſtanden.
War einſt in großen Ehren mein Herr,

War

Hatte Reichthum und grosse Schäze,
Bis mich Fortune, die lüderliche Meze,
Hohl sie der Teufel die alte Mähr!
Gar grausamlich in die Mache nahm;
So daß ich schier, mit heiler Haut
Ihren Tiegerklauen entkam.
Ja wer nur Weibern, und dem Glükke traut:
Der hat sein Haus auf Sand gebaut.
Eh' er's sich versieht, da liegt er im Drek.

Stoffel Knips.

Halt's Maul Du Lump, und pakke Dich weg,
So wie die Arbeit so der Lohn.
Ich kenne Deines Gleichen schon.
Kaum, daß Ihr ein Bischen bei Gelde seyd,
So lebt Ihr in lauter Herrlichkeit.
Denkt nicht an den zukünftgen Morgen,
Huren und lügen, trügen und borgen,
Das ist Euch eine Kleinigkeit.
Da wird gefressen, da wird gesoffen.
Da wird den Menschern nachgeloffen.
Die thut Ihr denn auf allen Ekken
Maul, Nase, Brust, und wer weiß was? belekken.
Werden hinten und vorn begrabbelt,
In's Ohr gezwikt, an's Kinn gekrabbelt.

Auf

14

Auf Reduten geschlept, auf Bälle geführt,
Vom Kopf bis zu Fusse ausstaffirt,
Und obendrein noch gar stuprirt
Und werden sie denn schwanger und gebären:
So müßt Ihr ihre Bälger ernähren.
Und Geld und Gut ist all verstoben,
Alles verschlampampt, verschwelgt und verthan:
Hernach wird's der Fortuna in'n Schu geschoben,
Und sind doch selber Schuld daran.

Hanswurst.

Gnädger Herr, Ihr sprecht auch gar zu dumm.
Wißt Ihr denn nicht: in's Gelag 'nein leben
Ordnung, Wohlstand und Geseze aufheben,
Ist des Genie's Privilegium.
Die Genies waren Euch zu jeder Stunde
Von Anbegin die größten Schweinhunde.
Denn davor sind sie ja Genieen.
Sich in die Sitten des Landes schmiegen,
Auf keine Seitenstrasse sich biegen,
Immer die Vernunft zu Rathe ziehen:
Das mag für Weise schiklich seyn.
Aber für Genies da stünd' es fein!
Das schikt sich nur für die Philosophen.
Die Kerls kommen nicht weg von Ofen,

Brü.

Brüten unterm Dach Sÿsteme aus,
Die weder passen für Kaz noch Maus;
Halten fein fest an Zucht und Ehren;
Wenn die Hunde Genies wären,
So würfen sie das alles unter die Bank,
Religion und Tugend die längelang.
Je unnatürlicher, je besser,
Je zotenvoller, desto grösser.

Das Genie muß die Menschen studiren,
Und wie sie leben und weben, kopiren.
Daher er in's Hurenhaus gehen muß,
Da sieht er sie in naturalibus.

Habt Ihr nicht gelesen Lenzen's Soldaten?
Sind das nicht Menschen, grad so gerathen
Wie sie existiren in dieser Welt?
Sind Euch zum sprechen dargestelt.
Drum wer will Huren stellen dar,
Wie sie leben und weben mit Haut und Haar,
Der gehe in's Bordel hinein,
Und nem sie da in Augenschein.

Ist hübsch der Autor oft da gewesen,
Hat sich mit solchen Pak behängt;
So läst sich's auch weit besser lesen —
Denn wenn er sich unter ihnen mengt:

So

So kan er sie in's Gesichte fassen,
Und wie die pure Natur reden lassen.
Macht also nicht so viel Geplärr,
Denn Ihr seht wohl, mein lieber Herr:
Ein Genie mus leben zügellos
Und sans Façon, wenns seyn soll gros.

Stoffel Knips.

Also die Bande der Gesellschaft zerreissen,
Der Leuten Maul und Nase beschmeissen,
Das nennen sie Genie zu dieser Zeit?

Hanswurst.

Von nun an bis in Ewigkeit!
Müßt wissen, daß ich Hanswurst einst war,
Und also 'n Genie vom ersten Range.
Meine Schwänke und Zoten beweisen das klar,
Behagte auch den Leuten gar.
Das währte viele Jahre lange.
Da kam ein Kerl, der gab die Alzire
Von Voltair'n, die dann den Leuten gefiel.
Ist Euch ein fränkreichsch Trauerspiel,
Und ein gar abscheuliches Geschmiere.
Ist nicht zum Weinen, ist nicht zum Lachen,
Thut einem Kopf- und Bauch-Weh machen.

Und

Und was das tollste ist: so sprechen Euch gar
Die Helden in Reimen, was doch fürwahr!
Zu keinen Zeiten Sitte war.
Da rasen sie Euch in langen, schaalen
Längst ausgepeitschten, verschimmelten Moralen.
Stolziren daher auf griechischen Beinen,
Dazu en cacadoux frisirt,
Mit seidnen Strümpfen und Haarbeuteln geziert.
Und dabei können die Leute weinen.
Hanswurst ist auch noch immer drinn
Nur stellen sie 'n ohne Pritschholz hin.
Sonst kam er im bunten Wams gegangen
Und hatt' ein Zukkerhütlein auf,
Nun thaten sie 'n mit langen Mänteln behangen,
Und setzten ihm Federbüsche auf.
Da meint denn nun der große Hauf,
'S sei abgeschaft der Narrenorden,
Die Bühne sei reinerer Sitte geworden.
Und doch führen sie den Göz auf:
Worin die Helden, gar lieblich zu sehn,
Vor allen Zuschauern katken gehn.
Ja lieber Herr, so gehts in der Welt,
Sonst galt der Narre, nun gilt der Held.
Doch trägt sich der Held just wie der Narre,
Schneidt Frazengesichter, thut grimaßiren,

B   Und

Und wie 'n Besofner herumvagieren,
Fehlt ihm nur die Kappe, gnädiger Herre.

Stoffel Knips.

Ha bist Du ein Narre, willkommen hier
Hab gar zu gerne große Genies bey mir,
Thun einem so hübsch die Zeit vertreiben.
Nun Herr Genie, hat Er Lust zu bleiben?
So komm Er, es soll Ihm bene gehn.

Hanswurst.

Bin ganz zu Ihren Diensten und bedanke
mich schön
Steh zu Befehl mit meinen Schwänken.
Haben Euer Gnaden etwa den Spleen,
Haben nicht Lust gar viel zu denken,
Ist Ihnen nicht wohl, ist Ihnen nicht weh?
Sitz 's Ihnen etwa im Unterleibe?
Haben Sie etwa Hörner von Ihrem Weibe
Hab für das alles 'ne Panazee.
Für Spleen da ist mein Pritschholz gut.
Sah schon Professors drüber lachen,
Die Oden und Heldengedichte machen
Und fliegen auf zur Sonnenglut.
Und sind Sie des Denkens übersatt,
So sag ich Ihnen ein Paar Verse vor:

Die

Die Herr von Beuſt zu Gotha gemacht hat.
Haben Sie keinen ofnen Leib
Kann Ihnen Werthers Freuden kommuniziren
Da müſſen Sie den Augenblik purgiren.
Kurz, mir fehlt's nicht an Zeitvertreib.

Stoffel Knips.

Schon gut, doch laß Er mein Weib ungeſchoren
Und krig Er nicht Luſt, mit ihr zu Duodramen.
Sonſt kömmt Er um Maul und Naſe und Ohren
Betrapl' ich ihn — Na komm Er in Gottes Namen.

Hanswurſt.

O Eure Gnaden belieben zu ſpaßen,
Werde mich nicht betrappeln laſſen.

(Gehn ins Haus.)

Dritter Auftritt.

(Frau Knips Zimmer, ſie ſtrekt eben die Beine aus
dem Bett, und zieht ſich die
Strümpfe an.)

Frau Knips.

Was werd' ich gewahr? daß Dich die Peſt
Mein ſaubrer Mann liegt gewiß noch im Neſt.

B 2   Kann

Kann doch mein Seele nicht begreifen
Wie man an 'nem so schönen Tag
So lange kann schlafen — muß ihm nur pfeifen.

(pfeift nach ihm.)

Doch alle Hagel, was seh ich, ach!
Wie haben mich die Flöhen gebissen *)
Weiß der Teufel, wo all das Ungeziefer kömmt her?
Thu doch nicht in das Bette pissen.
Ha ha da kömmt er mir just die Quer
Sein Pfeifgen schmauchend, der saubre Herr,
Die Haar voller Federn und noch nicht frisirt,
Das Gesicht nicht gewaschen, den Bart nicht rasirt.
Will Dir den Pantoffel an den Kopf geben:
Führst Du noch länger das Luderleben.

Vier-

---

*) Man wird hier das Genie des Dichters zum histo-
rischen Schauspiel nicht verkennen. Seine getreue
Copie der Natur, bis auf die kleinsten Umstände
herab, als worin er sehr glücklich in die Pfade des
Göthe und Lenze tritt, die Kernwörter Raller,
Schindluder und dergleichen, die nach den ähnlichen von Göthe und Lenz geprägt worden, sind,
dünkt mich, ein Beweis, daß er wahre Schnellkraft
des Genies habe. Welches denn hoffentlich die
Journalisten und die Zeitungsschreiber erkennen
werden.

Vierter Auftritt.

Stoffel Knips und seine Frau.

Stoffel Knips.

Guten Tag, mein Weibchen, bist Du schon
auf mein Kind?

Frau Knips.

Ja schlaf nicht so lange, wie Du, faules Rind.

Stoffel Knips.

Zankst Du schon wieder Du saubres Haar?
War doch ein rechter Schöps, fürwahr!
Daß ich so 'nen Satan zur Frau genommen.
Kaum fährt sie in den Pantoffel hinein,
So fängt sie auch schon an zu schrei'n.
Möcht schier auf die Gedanken kommen,
Daß Du vom Teufel wirst geritten
Will nur den Pater Gaßner lassen bitten
Daß er —

Frau Knips.

Nu läuft mir die Galle über
Jetzo Kerl krigst Du 'nen Nasenstüber
Du Schlingel willst Du Dein Weib tuschiren?
Rakker Dich muß der Teufel regieren.
Sprich, Kerl, willst Du mich respektiren?

B 3   Stoffel

Stoffel Knips.

Halt's Maul Weib, seh's, bist vom Teufel besessen
Hast Du, Schindluder, schon wieder vergessen,
Was Dir der Pfarrer befohlen hat?
Ich soll Dein Herr seyn früh und spat.
Willst Du klüger seyn, wie der Pfarrer! He, ho
Bist doch so dumm, wie ein Bund Stroh.

Frau Knips.

Sieh Kerl, ich thu Dir den Hals umdrehen
Mit Deinem Weibe so umzugehen.
Aber wart nur Du abscheulicher Bengel:
Das Hirn tret ich Dir mit den Füßen aus
Bist nicht gleich stille, wie 'ne Maus.

Stoffel Knips.

Nun sey nur ruhig mein lieber Engel.
Hab Dir auch ein Geschenk mitgebracht,
Das wird Dir viele Freude machen.
Hab 'nen Hansnarren aufgejagt
Wirst Dir die Schwerenoth am Leibe lachen:
Wenn Du'n wirst sehn.

Frau Knips.

Sey 's dem Himmel geklagt!
Als wenn ich nicht Narrens genug hätt an Dir,
Bist

Biſt ſelbſt ein gar poßierliches Thier!
Geh mir mit dem Kerl, ich rath es Dir.

Stoffel Knips.

Da kömmt er ſchon, ſieh ihn nur an.

Frau Knips (beiſeite.)

Ein hübſcher Kerl! wart, ſoll Dir Hörner ſezen.
(zu Stoffeln.)
Na, nimm mirs nicht übel, lieber Mann,
Sieh, wie mich Thränen der Reue nezen.
Weiſt's: thut mich gleich alles in Flammen ſezen,
Doch mein's nicht ſo bös'! (zu Hanswurſt) Nur
nu herein,
Sei er willkommen, mein guter Mann.

Fünfter Auftritt.
Hanswurſt und Vorige.

Hanswurſt (beiſeite.)

Der Teufel, das iſt 'n hübſcher Biſſen!
(zur Frau Knips mit einer Pantomime der Entzükkung nach franzöſchem Zuſchnitt.*)
Wie! bin ich in 'ner Göttin Gegenwart?

B 4   Bin

---

*) Hanswurſt muß hier nemlich einen von der gri-
maſſirenden Schauſpielern kopiren, die er in der
Alzire

Bin ich im Himmel, oder bin ich auf Erden?
Was für holdseelige Geberden?
Alles geformt nach Götterart.
Erlaube mir Göttin, Deine Händlein zart
Auf meinen Knien unterthänig zu küßen,
Und so in Wonne zu zerfließen.

Stoffel Knips.

Nun siehst Du, Frau, bey meinem Bart
Der Narre hat viel Lebensart.

Hanswurst (fährt fort zu grimaßiren.)

He Götter Lust! bin ich im Paradiese,
Bei dieser Augen gewaltige Macht,
Die Frucht die Even zu Fall gebracht,
War nicht ein Viertheil, so herrlich und süße.
Was für 'ne Nase, was für ein Busen
Alle Grazien, Najaden und Musen,
Schwinden dagegen, als wie der Dreck
Wenn Boreas kömmt — vor Weynacht weg.

Frau

Alzire tragiren gesehn, und deren er oben spottete.
Sich brav vor die Stirne pauken, vor alles zurück-
fahren, kreuzweis mit den Händen in die Luft
hauen, aus der Brust gurgeln, kurz alles das machen, was solche breitschultrigte Gesellen zu thun
pflegen, wenn sie ihre Rolle nicht wißen, und den
Dichter nicht verstehn.

Frau Knips.

Haſt wohl das Bild vom Dreck gehört?
Das war ein kühner Gedanke mein Seele.
Der Kerl iſt von den Muſen genährt
Und mahlt Dir, wie die Raphaele.

Stoffel Knips.

Nu ſiehſt Du, Frau? Doch ich muß gehn.
Mach Du unterdeſſen das Eſſen zurechte ——
Heut wol mal was Gutes freſſen möchte.
Der Narr kann Dir zur Seite ſtehn
Und Dir ein Bischen mit an die Hand gehn.
Na lebewohl! mein Schäzgen klein,
Werde gleich wieder bei Dir ſeyn.   (ab.)

Sechſter Auftritt.

Hanswurſt und Frau Knips.

Hanswurſt.

Wunder und Meiſterſtück der Natur
Wie biſt ſo lieblich, ſo reizend! Hurr
Fährt mir ein Funken durch alle Glieder!
Vom Kopf bis zu den Fußzehen nieder.
Ich kann nicht ſtehn, ich kann nicht gehn,
Kann mich gar nicht ſatt an Dir ſehn,
Was für ein ſeidnes, blondes Haar,
Was für ein ſchön blaues Augenpaar!

B 5   Was

Was für 'ne marmorweiße Brust,

Ein Sammelplaz von Lieb und Lust,

Die Amors spielen drauf blinde Kuh

Und reiten drauf 'rum auf Stekkenpferden.

O Du Marzipangeschöpfe Du,

Möchte vor Liebe des Teufels werden.

O daß ich nur den Mund dürfte küssen!

Würde in Seeligkeit zerfließen.

Frau Knips.

Wer wehrt Dir's denn? Kaunst 'n ja küssen.

Hanswurst (küßt.)

Weib hast 'nen Mund von Marzipan.

Frau Knips.

Wo kömmst Du denn her, mein lieber Mann?

Hanswurst.

Komm von Berlin, meine gnädge Dame.

War da auf'm Theater, war sehr bekannt.

Haben Sie schon gehört von dem neuen Duodrame

C e p h a l u s und P r o c r i s zubenannt?

Thut einen ganz herrlich divertiren.

Gefällt es, gnädge Dame, Euch

So können wir beide jezt sogleich

Das berühmte Stük selbst aufführen.

Frau

Frau Knips.

Wie machen wir denn das, liebs Schäzchen
mein?

Hanswurst.

Legen sich Euer Gnaden nur ins Bette hinein,
So wird's sogleich zu Stande seyn ---
Doch muß ich mich legen mit hinein.

Frau Knips.

Will sogleich zu Deinen Diensten seyn.

(Legen sich zu Bett und führen das Duodram auf. *)

Siebens

*) ,S ist leicht zu vermuthen, daß die Nichtgenieen
ob dieser Scene das Näslein rümpfen und das Maul
ziehen werden, als sey sie wider die Sitten, und
beleidige die Schamhaftigkeit. Narrenpossen! der
Autor weiß besser, was das Genie darf. Er ko-
pirt die Natur, und was schiert ihn da Moral?
Auch hat dieser grand effort du Genie schon seine
Autorität Darf der Leser nur Wagners Kindermörderin lesen, wird zwar da die Scene nur
hinter den Kulissen gespielt — aber dafür ist hier
auch ein größer Genie — und coram populo
muß so eine Scene allemal mehr Effekt thun, und
Handlung ist immer besser als Erzählung. Daß
also Niemand den Autor lästere über diese Scene —
denn sie zeigt das Genie desselben, und wie tief er
das menschliche Herz studirt habe.

Siebenter Auftritt.
Stoffel Knips und die Vorigen.

Stoffel Knips.

Ei Schwerenoth! was seh ich da
Der Narr mit meiner Frau im Bette? Ha,
Ihr Lumpenpak, was macht Ihr da?

Hanswurst
(springt ohne Hosen aus dem Bett.)

Erzähl' ihr nur von 'ner Kommödia,
In der ich erst neulich bin gewest,
Es ist aus einem Duodram,
In dem Cephalus gegangen kam,
Seine liebe Prokris in Arm nahm,
Und ihr den jungfräulichen Gürtel ablöst.

Stoffel Knips.

Ich will Dir jetzt den Gürtel ablösen,
Will Dich lehren schänden mein Haus.
Willst Du Scheißkerl zum Hause heraus
Mit samt Deiner Hure, raus, den Staupbesen
Sollt Ihr haben --- Ihr Bestien Ihr!
Was? Hörner aufzusezen mir!
(stößt sie beide zum Hause hinaus.)

Ach=

Achter Auftritt.
Stoffel Knips allein.

Eine schöne Geschichte! ein Hanrei bin ich,
Erschießen möcht' ich vor Bosheit mich.
So geht's, nimmt man ein Genie in sein Haus,
Da brüten sie Duodramen aus
Lösen den Gürtel, und lachen einen aus.

(ab.)

Neunter Auftritt.
Ein Wald an der See gelegen.

Hanswurst und Frau Knips.
Hanswurst.

Da laufen wir nun schon zwei Stunden herum
Kriechen durch Hecken grade und krumm,
Finden nichts zu schnabuliren
Und müssen noch endlich vor Hunger krepiren.
Weib bin des Leben übersatt,
Frier ganz erbärmlich; mein hölzerner Gat
Ist ganz erbärmlich zusammengefroren.
Meine Hosen hab ich in Deinem Bett verloren,
Ich bin halb todt, und athme noch kaum
Will mich nur aufhängen an diesen Baum.

Frau

Frau Knips.

Bitt Dich um Himmelswillen laß das bleiben,
Willst Du mich zur Verzweiflung treiben,
Hab ich Dir nicht mein ganzes Leben,
Und meinen Leib preißgegeben.
Und nun willst Du sterben, Du Bestie Du?

Hanswurst.

Laß mich gehen, alte Hure, und sieh hier zu
An diesem Baum hier häng' ich mich auf.
(hängt sich.)

Frau Knips.

Hilf Himmel, da zieht ein Gewitter herauf,
Es donnert und blizt — Was werd' ich anfangen,
Mein Liebster hat sich aufgehangen.
Und ich bin ganz alleine hier.
Werde seyn eine Speise der wilden Thier.

Hanswurst (am Baum.)

Lebe wohl, werde bald nicht mehr seyn,
Schon fährt mir der Tod zum Halse hinein,
Der Himmel wird schon für Dich sorgen,
Sey Du nur ganz ruhig, und lebe geborgen.

(Frau Knips kniet an dem Baum nieder, wo sich
Hanswurst erst gehangen; es fängt an zu don-
nern, und zu blizen, die Dame umklammert ängst-
lich die Knie des Hangenden, ein Wetterstrahl trift
den

den Baum, und schlägt den Zweig ab, an dem Hanswurst kammelt; Frau Knips fährt erschrokken
zurük, und sinkt längelangs rükwärts auf den Boden; Hanswurst fällt auf sie, gleichfalls in Ohnmacht, dazu kommen) —

Zehnter Auftritt.

Zwei Türken.

(Immer noch Sturm und Regen.)

Der erste Türke.

Ei Zeter, das regnet, ei Zeter, das blizt,
Die Bäum' sind zerschlagen, die Erde zerrizt;
Das war ein Geprassel, der Donner thät knallen:
Als wollte der ganze Himmel 'rabfallen.
Wir pflegten indessen, Herr Bruder, gar eben,
Ein rechtes, ächtes, epikurisches Leben.
Leerten die Flaschen Tokaier aus,
Machten uns keinen Pfifferling draus:
Ob's donnert' und blizte? — wir zechten flott
Obgleich unser Prophet den Wein uns verbot.
Denn da der Himmel sich zu wölken begunte,
Herr Mahomet unser Zechen nicht sehen kunte.
Doch sag mir, Herr Bruder, warum gingen
                              wir 'raus?
Sezen uns Sturm und Regen aus,

                                             Und

Und schrumpfen zusammen als wie 'ne Laus.
Könnten so ruhig im Schiffe sizen
Und hübsch den Wein aus den Flaschen stipizen,
Und gehn da herraus, und wissen nicht warum? —

Der zweite Türke.

Nimm mir's nicht übel, Herr Bruder, bist dumm.
Hast denn Dein Tag kein historisch Schauspiel
gelesen?
Bist nicht in so 'ner Komödie gewesen
Zeigt allemal große Schnellkraft an
Ohne alle Absicht reden und handeln
Ins Gelag 'nein leben, und blindlings hin-
wandeln —
Und alles beginnen ohne Plan.
Da kommen Dir oft die Helden daher,
Weiß keine Seele warum, und woher?
Genug der Poet hat sie vonnöthen.
Und wenn sie der braucht, so gehts keinen was an,
Ob sie ohn' Ursach sich balgen oder tödten.

(Wird Hanswurst und Frau Knips in
ihrer kritischen Lage gewahr.)

Doch sieh einmal da — Ei Sapperment
'Ne hübsche Gruppe! beim Element!
Ein schönes Spektakel, bei meinem Leben!

Sehn

Sehn Sie nicht aus, als hätten Sie eben
Das Thier mit dem doppelten Rücken gemacht. *)

Erster Türke.

Der Kerl ist Dir nicht übel gemacht
Und's Weibesbild ist auch gar fein,
Das würd' ein Bissen für'n Sultan seyn.
Aber was Teufel? schlafen sie, oder sind sie todt?
'S rührt sich ja keiner, ei Schwerenoth
Die haben des Guten so sehr genossen;
Daß alles Leben mit weggeflossen.
Doch horcht: das Herz schlägt beiden noch!
Komm pakt sie auf, wir wollen's doch
Mit auf unser Schiff nehmen das werthe Paar.

(Indem er das Weib auflädt.)

Das Weib ist ein hübscher Bissen, fürwahr!

(gehn ab.)

Ellf-

*) The beast with two baks, „das Thier mit
dem doppelten Rücken" nach dem S h a k e s p e a r
im Othello. Sieht also der Leser, daß der Autor
gegenwärtiges historisches Schauspiels, nach dem
Beispiel aller heutigen Genies, den S h a k e s p e a r
gelesen, und zu Zeiten ein Goldstücke daraus unter
seine Lappen näht. Die Beispiele der andern, die
ihm vorgegangen sind, müssen ihn darin rechtferti-

Eilfter Auftritt.

Scene aufm Schif.

Zwei Matrosen
die Wasser aus dem Schif schöpfen.

Erster Matrose (singt:)

1.

Lustig, wenn es stürmt und blizt,
Wenn die Donner knallen,
Und die Himmel über mich,
Schier zusammenfallen :
Bin ich mutig, habe dann
Herz im Leib, als wie ein Mann.

2.

Fänd' ich auch im Donnerstrahl
Meine lezte Stunde,
Ei was thut's? und müßt' ich auch
'Nab ins Meeres Schlunde.
Ists nicht immer einerlei
Ob im Meer, ob auf der Streu?

3. Heida

gen — denn sonst siehts wol eben nicht gar lieblich aus, wenn die Herrn auf ihre Fezen, zumal
da sie zuweilen ziemlich abgeschabt aussehen, ein
Purpurlappen von Shakespear flikken, und dem
Ganzen dadurch ein abominables Ansehn geben.

3.

Heida luftig, Kreuz und Noth
Thut kein Haar mir krümmen;
Fürcht mich selber, nicht vor'm Tod.
Sollt ich drob ergrimmen,
Wenn der Knöchner anspazieret
Mit der Sense kommen wird?

4.

Ho, ho, das wär' mir recht,
Sterben müssen alle,
Sultan und Matrosenknecht,
Alles kömmt zu Falle,
Drum so schlag' ich Schnipsgen ihm
Kömmt er an Herr Eisegrimm.

Zweiter Matrose.

Das ist ein Gequike, das ist ein Geplär
Den ganzen Tag muß eins es hören.
Und wenn's nur noch gesungen wär,
Aber 's thut einem das Herz umkehren.
Krähengekrächz' und Eselgeschrei
Ist nicht so abscheulich, bei meiner Treu.
Singt nicht der Kerl auf meine Ehr!
Als wenn er vom Wäserschen Theater wär.
Es ist um die Schwerenoth zu krigen.

C 2

Erster

Erster Matrofe.

Halt's Maul, oder ich werde den Augenblik
In Deinen Stachelschweinsborsten liegen,
Siehst Esel, ich brech Dir das Genik.
Was geht Dich denn mein Singen an?
Was brauchst Du darüber das Maul zu zerren?
Willst mir verwehren, mein Liedlein zu plärren?
Thu Du Deine Arbeit, diß geht Dir was an,
Aber nicht mein Singen.

Zweiter Matrose.

Du Rindvieh Du!
Meinst Du, unser eins ist gut dazu,
Dein Kazengeheul mit anzuhören?
Wart Bengel, ich will Dich Mores lehren.
Wieherst du nicht wie ein Karrengaul?

Erster Matrose
(nimmt die Schippe und schlägt seinen Nach-
bar aufn Mund.)

Da hast Du eins auf Dein dikkes Maul.

Zweiter Matrose.

Was, Hund, mir in's Gesicht zu schlagen?
Wart, Bestie, werd's dem Schifshauptmann
sagen.
(Balgen sich)

Zwölf=

Zwölfter Auftritt.

Kajüte.

Hanswurst und Frau Knips (die im Großvaterstuhl liegt und Geburtswehen hat. *)

Hanswurst (steht vor ihr mit ängstlichen Geberden.)

Was ist Dir denn, meine liebe Frau?

Frau Knips.

Es reißt mich, es zerrt mich, es lähmt mir die Glieder

Ach lieber Hanswurst ich komme nieder.

O weh wie das zerrt, ich bitte Dich, schau

Ich glaube schier, das Kind ist schon da.

C 3   Hans,

---

*) In der Kindermörderin von Wagner, wenn sich der Leser erinnert, giebts hinterm Theater eine Schwängerscene — Der Autor des gegenwärtigen Schauspiels, ein Genie ders seinen Vorgängern im Waghalsen und Kühnheiten unendlich zuvorthut, brachte die Schwängerscene aufs Theater, anßer den Kulissen. Gegenwärtige Scene enthält noch einen großen Sprung von Genie. Frau Knips kömmt coram populo nieder. Ist zwar wider Sitten und Anstand. Aber das wär auch ein Lunip von Genie, das Mores wüste, und nachm Dekorum früge.

Hanswurst.

Bist Du närrisch, Frau? muß lachen, ha, ha
Erst vor'ner halben Stunde lag ich bei Dir —
Und willst schon niederkommen — ja, ja
Wenn's in'nem Wagnerschen Schauspiel wär *)
Da wollt' ich nichts sagen, da ging es ehr
Denn solchen Genies ist wie Hans Sachsen **)
Nichts leichter, als Kinder zeugen und wachsen
Zu machen, daß ein Mädel mit 'nem Mann
Und ein Mann mit dem Mädel zu Bett gehn kann
Das erst im ersten Akt geboren.

Frau Knips.

Auweh! Auweh! ich bin verloren. (kömmt
nieder, gebiert einen Knaben,
der muthig im Zimmer herum-
spaziert.

Hans:

*) In der Kindermörderin.

**) In einem seiner Schauspiele Griseldis. Die
Herren Genies werden nicht schamroth werden, daß
schon lange vor ihnen ein Mann war,

　Ein großer Mann ein Schu
　　Macher und Poet dazu

der seinen Schauspielen solche Coups du Genie
einwob, die die damalgen dummen Leute für albern
schalten, weil sie keinen Begrif von Urkraft des Genies hatten. Sie sind also nicht die ersten, die solche
große Sachen aufs Theater bringen.

Hanswurſt.

Was alle Teufel, ein Knabe, ſchon da!
Das iſt zum närriſch werden — — Ha, ha.
Hätt nicht gedacht, daß ſo'n dramatiſch Genie wär
Vor'ner halben Stund erſt beſchlief ich mein Weib
Und jetzt kömmt ſchon ein Bube daher.
Lieb's Weib Du haſt 'nen fruchtbaren Leib.
Nu, nu der Junge wird Schauſpiele machen
Daß einem das Herz im Leibe wird lachen,
Der wird die Natur erſt kehren um
Was grade iſt, wird er machen krum,
Und das was krum iſt, wieder gerade.
In's Waſſer ſetzt er Füchſe und Haſen,
Und Lachs und Karpen läßt er graſen,
Die Menſchen macht er zu Eſeln fein
Und Eſel läßt er Menſchen ſeyn.
Was werden da nicht die Zeitungsſchreiber
Für'n Lerm erheben, und dann die Journale
Von der Donau an bis zu der Saale
Und von der Pleiſe bis zur Spree. *)

C 4   Frau

*) Letzteres geht vermuthlich auf die allgemeine
deutſche Bibliothek.

Frau Knips

(noch immer in Geburtsschmerzen.)

Wie wird mir wieder so schlimm, auweh!
Mir grißelt auf dem Kopf ein jedes Haar.

Hanswurst.

Was Teufel, Schwerenoth, ich glaube gar,
Du kriegst noch ein'n Balg — bei meinen Gut!
es ist wahr,
Da kommt noch ein Mädel gewakkelt dazu.

Das Mädel (wird geboren, und küßt dem
Hanswurst die Hand.)

Ja Pappa, da bin ich —

Hanswurst.

Und Du,
Du plauderst schon — Das ist zu toll!

Der Knabe.

Je lieber Pappa — erlauben Sie wohl?
Ich möcht mich gern auf dem Verdek besehen.

Frau Knips.

Meinetwegen — werde aber mit Dir gehen.

(gehen ab.)

Drei

Dreizehnter Auftritt.

Hanswurst und Mädel bleiben zurük.

Hanswurst.

Du liebes Mädel bleibe hier
Und plaudre mir ein Bißchen für.

Das Mädel.

Ja, lieber Pappa, soll ich was erzählen
Aus Werthers Leiden, oder sonst so was?

Hanswurst.

Was hör' ich, Mädel, kannst Du auch das?
Das ist doch schnurrig, bei meiner Seelen!
Im Mutterleib Romane zu lernen —
Man erlebt doch in der Welt gar vielerlei.

Vierzehnter Auftritt.

Ein Matrose und Vorige.

Der Matrose.

Hanswurst, da habt Ihr bey meiner Treu!
Einen rechten dummen Streich gemacht,
Laßt sich die Frau mit dem Buben entfernen,

C 5

De

Da liegen sie nun in Meeres Schlund.
Und krähet nicht nach sie, weder Hahn noch Hund.
Sind beide vom Verdek gefallen.

Das hätt' ich Euch wohl vorher gesagt.
Das Weib war von der Niederkunft schwach,
Und lief zu schnell dem Knaben nach,
Pardauz! lag sie in Meeresschlund,
Ihr Junge mit zu gleicher Stund.
Doch macht nur nicht so viel Geschrei,
Hin ist hin, und vorbei ist vorbei.
Eben sind wir gelandet in die Turkei,
Hier könnt Ihr Euer Glücke machen.
Eure Tochter ist ein Bissen für den Sultan,
Er nimmt sie gewiß zur Eklavin an,
Und schließt sie dann in sein Serail ein
Sie wird seine Favorite seyn.

Das Mädel.

Ach ja, Vater, thut mich zu ihm schaffen,
Möcht' gern bei einem Manne schlafen.

Hanswurst.

O weh mir, Weib und Junge verloren,
Und Du, Rabenaß, bist kaum geboren,
So regt sich schon in Deiner Brust,
Das ist zu toll, die Beischlafslust.

Das

Das Mädel.

O Vater, bringt ihr mich nicht zu dem Sultan,
So thu' ich mir gleich ein Leides an.
Dann seyd Ihr Schuld an meinem Tod.

Hanswurst.

Genies, was macht Ihr für Unheil auf Erden,
Zeug't Töchter und laßt sie Huren werden
Und werdt nicht mal darüber roth —
O hol Euch alle die Schwerenoth!

(gehn alle ab.)

Zwei=

Zweiter Akt.
Turkei.

Erster Auftritt.
Ein Vorsaal im Serail.

Hanswurst

(mit vielen Striklen auf einer Bank festgebunden,
ein Arzt neben ihn, der ihn wiederlos-
bindet.)

Auweih! Auweih! was muß ich erleben,
Ich möcht' mich gleich dem Teufel ergeben!

Der Arzt.

Wie steht 's mit Ihnen, mein werther Herr?
Sie machen ja ein abscheulich Geplär!
Als hätt' man Ihnen den Hals abgeschnitten.

Hanswurst.

Ich armer Hund, was hab' ich gelitten?
Der Teufel möchte da nicht schrein!
Ihr Bestien, habt Ihr mich nicht verschnitten?
Thut so abscheulich die Menschheit verkumpfein:
Und

Und dann soll man nicht mal darüber schrein.
Ihr müst wahrhaftig ein Genie seyn.
Thut Menschennatur so kalt kastriren,
Verstümmelt sie so gottesjämmerlich ..
Und soll nicht mal drüber Geschrei verführen?
Ihr Hunde denkt, weil die Kunstrichter sich
Vor Freuden außer Athem schreien;
Sehn sie auch die Natur verfumpfeien
So soll 's ein armer Hund, wie ich
Auch so machen, müsten die Kerle sich
Nur einmal so zerfezen lan
Wie Ihr der Natur ihr Werk verheit
Sie würden sich ganz anders dabei han!

Der Arzt.

Mein werther Herr, es thut mir leid;
Allein, wir haben unsre Schuldigkeit gethan,
Ihr Türksche Majestät wollten 's so han.
Dafür werden Sie auch nun ein großer Mann
Werden Oberaufseher über die Sultaninen.

Hanswurst.

Also ein großes Ansehn zu gewinnen
Und um berühmt zu werden im Land
Muß man aus ihrem wahren Stand

Die

Die liebe Natur zurükkeführen,
Sie zerfezen, zerstükkeln, verheien, kastriren.
Und damit einen die Leute für'n Genie ausschrein
Muß man ein halber Mensch nur seyn:
Ich dank für die Genieschaft bei meiner Treu.
Und doch machen die Kerls so viel Geschrei
Von Natur, und plärn von wahren Darstellen
Des Menschen, daß einem die Ohren gellen,
Und schneiden die halbe Menschheit weg.

Der Arzt.

Liebwerther Herr, Ihr plaudert sehr kek
Sprecht sehr despektierlich von der hohen Ge-
sellschaft
Unserer Genien, tadelt die Leut
Worüber das ganze Publikum Bewundrung schreit,
Das macht, Ihr seyd ein Hund und habt keine
Schnellkraft.

Hanswurst.

Ei hol der Teufel Eure Gesellschaft,
Ich sch — ße was auf Eure Schnellkraft,
Wenn die Menschheit drüber zu Grunde geht.

Der Arzt.

Ihr sprecht, lieber Herr, wie Ihr's versteht,
Ihr habt viel zu viel gesunden Menschenverstand,
Und

Und Euer Gehirn ist viel zu wenig
Von der Hundstagssonnenhize verbrant
Genie zu werden, und ein König
Unter unsern heutigen Genies zu seyn.

Hanswurst.

Was sagt Ihr da --- ich bin verschnitten
Verstümmelt ist die Menschheit mein,
Und sollte kein Genie nicht seyn ---
Das wollt' ich mir wol in Gnaden verbitten.

Der Arzt.

Meinethalben seyd Ihr, was Ihr wollt ---
Da kömmt der Sultan hergetrollt.
Er kömmt vermuthlich nach Euch zu fragen,
Und Euch Euer neu Amt anzutragen,
Ich werde mich auf die Seite schlagen,
Lebt wohl, und macht Eurem Herrn hübsch Kur.

Zweiter Auftritt.

Hanswurst (allein.)

Ich bin verschnitten, meine Tochter eine Hur,
Das heiß' ich Scenen nach dem Leben.
Das könnt' ein historisch Schauspiel geben ---
Ist alles so wahr, so in der Natur,

Wo

Wo giebt 's nicht 'nen Verschnittnen, wo giebt' s
                    nicht 'ne Hur?
Aber es bringt eben keinen Vortheil ein,
Kastrirt zu werden, und 'ne Hure zu seyn!
Drum hol der Teufel die wahre Natur.

Dritter Auftritt.

Der Sultan und Hanswurst.

Der Sultan,

Erfahr so eben in meinem geheimen Conseil:
Was maaßen Du lumpigter Gesell
Dich hast empört wieder's Landes Sitten,
Und drob, daß man Dich hat verschnitten,
Gar schreklich hast die Nase gerümpft,
Getobt, gesprudelt und geschimpft.
Weiß wol, Du Hund, daß ich dafür
Dich könnt' rädern lassen nach Gebühr
Die Knie zerquetschen und Hals umdrehen
Und 's wird weder Hund noch Hahn nach krähen.

Hanswurst.

O ja, ich zweifle nicht daran
Denn wenn's drauf ankömmt, werthster Herr
                    Sultan:

                                Einem

Einem Geschöpfe das aus dem Schoos der Natur

Rein und untadelhaft niederfuhr

Grade und hoch, und edel und eben

Einem solchen Geschöpf einen Knix zu geben

Daß es nicht · mehr kann grade gehn;

Sein ganzes Urwesen so verdrehn

Daß aus der edlen hohen Natur,

Wird 'ne abscheuliche Karrikatur,

Daß jedem schaudert, sieht er sie,

Das ist was leichtes für ein Genie.

Da les't nur einmal die Kreuz und die Quer

Was so in jeder Messe daher

Auf dem Meere der Schreibsucht kommt ge-
: schwommen.

Heida was werdt Ihr zu schauen bekommen:

Frazengesichter statt Menschengeschöpfe

Zerkrazt, zerstümmelt am ganzen Leib

Geschöpfe weder Mann noch Weib

Das ist Euer Werk, Ihr großen Köpfe,

Um Euer Genie zu beweisen, verkehrt

Ihr Mutter Natur ihr ganz System;

Was oben soll seyn, bringt Ihr unten her,

Was grade ist, stellt Ihr die Quer,

Macht's Euch recht leicht, und hübsch bequem.

D   Euch)

Euch kümmert's nicht, ob's wehe thut;
Genug wenn's Euch behagt und Eurem Genie,
So ist's schon recht, so ist's schon gut
Da setzt Ihr ohne Sorgen und Müh
Hin schwarze Farb, wo stehn sollte weis,
Und wo der Kopf steht, hin den Steis.
Des freu'n sich die Herren Kritici,
Und schrei'n denn laut: Ha! seht das Genie!
Das ist doch Macht der Phantasie!
Der Kerl geht nicht den graden Weg
Den alle vernünftgen Leute gegangen
Die gehn nur den gebahnten Steg
Und nur wo ihre Nasen hinhangen;
Die aber marschiren den Sonnenweg
Springen über Graben und über Höhen
Sind verwogen genug in die Sonne zu sehen
Fall'n dann freilich aus der Höhen
Ganz gottesjämmerlich in'n Dreck.
Doch das thut keinem Genie was.
Ist's auch von Unrath voll und nas:
So steht's wieder auf: die neuern Genieen
Muß man sehr oft aus dem Sumpfe ziehen.
Auch riechen die neuen Geschöpfe, die sie
Mit ihrer Götterschöpferkraft machen,

Meistens

Meiſtens nach Sumpf, und modrichten Lachen:
Iſt eben ein Beweis von ihrem Genie.
Aus allem dem nun folget Herr Sultan,
Daß weil Euch die Natur begeniet,
Euch's Menſchenverſtümmeln ſehr ähnlich ſieht.
Zweiſt'n keinen Augenblick daran.

Der Sultan.

Muß viele Geduld, Kerl, mit Dir han,
Dein Glück iſt's noch, Du ſaubrer Gaſt,
Daß Du 'ne Tochter bei Dir haſt,
Das Mädel gefällt mir über die Maaßen
Werd mich noch heut herunterlaſſen,
Sie zu entjungfern, das Jüngferlein.

Hanswurſt.

Wird 'ne große Ehre für mich ſeyn.
Es iſt nun jetzt ſo Mode auf Erden:
Daß alle Jungfern Huren werden.
Das kömmt von der neuen Erziehung her.

Der Sultan.

Das Maul gehalten, Er Schwäzer, Er!
Geh' Er an Sein Amt. Geh hin und bewache
Mir mein Serail, Dein Mädel ſchick her:
Daß ich Ihr meinen Antrag mache.

D 2   Hans,

Hanswurst.

Ach, armer H a n s w u r st! was wird aus
Dir werden?

Mit Dir ist es nun aus auf Erden,
Vertrieben vom Theater durch ein groß Genie
Verstümmelt, verschnitten von 'nem Genie dazu
O hol sie der schwarze Höllenbubu,
Die großen Genies, die Hunde die!

(ab.)

Vierter Auftritt.
Der Sultan.

Der Kerl schwazt in's Gelag hinein
Thät bis zum jüngsten Tag schwadroniren,
Und thut sich immer wiederkäun,
Man möchte vor Bosheit gleich kreppiren,
Wenn das, was schon tausendmal gesagt,
Tagtäglich wieder wird vorgebracht.
Und wenn er dann nicht weiter kan,
So fängt der Kerl zu schimpfen an
Anstatt Satiren macht er Pasquille,
Und statt zu geisseln, schind't er die Leut.
Ich will drauf wetten, daß in der Zeit
Als der Kerl in Berlin gewesen,

Er

Er mitgearbeit't hat an der a l l g e m e i n e n B i
bliothek —

Ist wenigstens völlig nach dem Stile,

Ich hab einmal das Zeug gelesen:

Eben so dreust, und eben so kek,

Eben so geschwäzig, und eben so bißig

Lassen keinem, der nicht aus ihrer Schule ist,

Gerechtigkeit wiederfahren — Aber was seh' ich!

Da kömt mein liebliches Mädchen. Bst!

Hierher, mein schönes Kind, hierher!

Trete Sie näher, schönes Kind, tret Sie näh'r.

Fünfter Auftritt.
Der Sultan, Das Mädel.

Der Sultan.

Dieweil ich heute noch, g e l i e b t e s S c h ä-
g e n, mein,

Dich nehmen will zu mir, in's weiche Bett hinein;

So wiß' mein L i e b ch e n schön, mein T r a u t-
ch e n zukkersüße,

Das ganze Weibsgeschlecht, belekt sonst meine
Füsse,

Gepfropft ist mein Serail von Mädeln wun-
derschön:

D 3   Mit

Mit allen insgesamt, kan, darf ich mich begehn.

Ich kann nach Herzenslust mit Weibern mich
vergnügen,

Bald bei 'nem Kutscherweib, bald bei 'ner Prin-
zessin liegen,

Und in der Weiberarm, vergraben in dem Bett,

Halt' ich auf Ordnung doch, und seh auf Etikett'.

Allein, ich hab' nachdem, nicht ohne Graus
entdekket,

Wie Wollust gar zu viel, die Menschen straks
betrekket,

Daß vieler Weiber Kus zwar bei'm Genus
vergnügt,

Doch, daß man auch davon, schier die Franzosen kriegt.

Und ich mag nicht der Raub von solchem Un-
flat seyn,

Mag durch Merkurius nicht meinen Leib verhein.

Du, Liebchen, solst allein, an meiner Seite
liegen,

Dein Brüstlein soll allein mein lüstern Aug
vergnügen.

Doch, Liebchen, soll das seyn, so mus denn
auch bei Dir

Stets ein Verschnittner seyn, Dich wahren für
und für:

Damit

Damit kein Bösewicht statt meiner Dich belege,

Sonst, tausend Sapperment, Du Weibsstük,
　　　　sezt es Schläge!

Wenn Du Zayre wärst, so macht' ich Dich
　　　　zur Frau,

Doch bist Du gegen sie nichts weiter als 'ne
　　　　Sau.

Drum kann ich Dich auch nicht zu meinem
　　　　Weib erkiesen:

Und glaubst Du das etwa, so werd' ich Dir
　　　　was niesen.

Doch meine Hure kanst und zwar die einz'ge seyn,

Ich seh' kein Mensch sonst an, als Dich nur
　　　　ganz allein.

Die andern insgesamt, die im Serail jezt
　　　　stekken,

Die können nach der Reih mich all im Arsche
　　　　lekken;

Du bist allein mein Schaz, mein's ganz allein
　　　　mit Dir.

Bist Du auch so gesinn't, meinst Du's nun
　　　　auch mit mir,

So ist's Dein Glük! Solst stets mich bei
　　　　Dir sehen,

Will mich, so oft ich kann, des Tags, mit
　　　　Dir begehen.

　　　　D 4　　　　　　　Doch

Doch säh' ich es einmal, Du auserwählte Perß
Du meiner Seelen Lust! daß sich ein andrer Kerl,
Statt meiner Sultanheit mit Dir zu schaffen
machte,
Und mein's Regiment's und meiner Order lachte:
So zittre nur, Du Hur'. Poz tausend Sap-
perment,
Du kennst den Sultan nicht, ist der einmal
entbrennt,
Dann ist der Teufel los, in tausend kleinen
Stükken
Hau ich Dich dann zusamm'n, kein Mensch soll's
wieder flikken. *)

Das Mädel (durch die Fistel.)
Ach, werthester Herr Sultan,
Sie sehen Ihre Magd mit zu viel Gnade an.

Ich

*) Unstreitig werden die Liebhaber der dramatischen
Muse des Herrn von Voltaire, (der proh Deum!
wirklich nun einmal im Ernste todt ist) bemerkt haben, daß diese ganze Rede des Sultans nichts anders ist, als die Parodie eines Voltairschen
Sultan's, der in ähnlichen Phrasen seiner Geliebten eine Liebeserklärung von wenigstens 50 Versen
macht, worin er von Adam und Eva anhebt, und
dann auf sich zurükkömmt. Es ist nemlich die berühmte zweite Scene des ersten Akts der Zayre,
die der beliebte Verdeutscher, Hr. Schwabe, nach
Gottschedischem Schrot und Korn Belob-
teste

Ich bin's mein Sir nicht werth die Ehre zu
genießen,

Um eines Sultans Lust, so ganz allein zu büssen.

Doch wünscht' ich wol — gesteh's — Herr
Sultan, o verzeih,

Daß meine Wenigkeit mit unter auch dabei

Von einer frischen Flasch zuweilen zu sich näme;

Daß, wenn ich nun bei Euch, bis auf die He-
fen käme,

Ich doch des süßen Tranks nicht quitt und
ledig wär.

Für Einen ist kein Weib, mein Herr, es
ist für mehr.

Doch, Eure Herrlichkeit, halt's Ihrer Magd
zur Gnade

Daß ich so dreiste sprech',

D 5   Der

teste Zapr, ich habe fest vermeinet u. s. w.
sehr kräftig gegeben hat. Auch in diesem Geniekuiß,
die Franzosen an den Pranger zu stellen, folgt er
unsern neuern Genies getreulich nach, die iezt alles,
was französisch ist, berümpfen, und beachselzukken
(wenn das Wort erlaubt ist!) Doch scheinen sie
nicht zu bedenken, daß wenn die Französchen Tran-
erspiele meistentheils klares Wasser sind, die ihrigen
weiter keinen Vorzug haben, als daß sie stärker düf-
ten, als jene, indem die Franzosen ihr Wasser aus
den Brunnen, sie aber das ihrige aus stinkenden Pfüzen schöpfen.

Der Sultan

(zornig sich auf den Bauch schlagend, einen Fußschneller
machend, und die Augen verdrehend mit hohler aus
der Brust gurgelnder Stimme.)

Verdammte Käsemade!
Du Regenwurm von Weib, die klein als wie
'ne Laus,
Verdammtes Trampelthier, was nimmst Du
Dir heraus?
Du Rabenas, Du Sau, Du Nickel Du, Du
Luder!

Das Mädel (einen Knix machend.)

Ereifern Sie sich nicht, liebwerthester Herr
Bruder!

Der Sultan (in obiger Attitüde.)

Du Maulaffengezücht, Du wilde Bestia *)
Was unterstehst Du Dich, und was erkühnst
Dich da?
Was?

---

*) Könige sind nicht ein Haar besser, als andre Men-
schen, wenn also einem Theil der Leser seine Sul-
tansche Herrlichkeit zu sehr im Ton der Berlinschen
Spittelweiber sprechen solten, so beliebe er zu bedenken, daß nach Maasgabe unsrer heutigen Men-
schenkenner, ein König so gut eine Lunge hat, als
andre Menschen, und folglich auch so gut sakkermen-
tiren und wettern kann, als ein Holzhakker. Und
da es eine pöbelhafte schmuzige Natur giebt, so haben unsre großen Genies ganz Recht, daß sie die
schmu-

Was? willst mit andern Kerl'n Dich neben mir
vermengen?

Wart, bei den Beinen will ich Dich, Du Trampel hängen.

Was für ein freches Maul, und das für einen
Sultan?

Das Mädel (durch die Fistel.)

Nu, ist das nicht ein Lerm, was hab' ich
denn gethan?

Ich folge nur dem Trieb, der mir ist angeboren,

Und käm' ich auch dabei um Nase und um Ohren.

Ich thue, was ich muß, denn mich hat ein
Genie

Gezeuget --- was schiert ihn, ob man sy!

Zu seinen Werken sagt --- Meint Eure Herr-
lichkeiten,

Daß ein Genie sich läßt von Zucht und Ordnung leiten,

Das

schmuzige Natur aufs Theater bringen. Was scha-
det, wenn auch diese Natur nicht allzu lieblich
riecht; genug es ist in der Natur, daß unsre Nasen
zuweilen von üblen Gerüchen inkommodirt werden:
und das ist eine hundsfötsche Nase, die nur immer
Ambra und Essenzen und nicht mit unter auch
Dret riechen kan. Dank unsern Genies, die unsern Gaumen und unsre Nase zu allem möglichen
Fraß und Gerüche gewöhnen.

Das wäre ganz was neu'?. Was? Wäre meine
Brust

So voll, so gros, so weis für eines Man-
nes Lust?

Sie irren, gnädger Herr, für einen? Nein
mit nichten,

Nach mir kann jederman sein Herz mit Lüsten
richten,

Und wenn es ihm beliebt, genießen meinen Kus

Und meine Wenigkeit in Naturalibus,

Wenn's ihm beliebt, beseh'n — Doch können
Euer Gnaden

So oft es nur gefällt, sich Ihres Spleens entladen,

Nur bitt' ich allemal mir ein Aviso aus,

So bleibt dann vor dasmal Ihr Nebenbuler aus.

Der Sultan.

Du plauderst schreklich frech, doch mus ich
drüber lachen,

Denn mein Verschnittner soll Dich Hure so
bewachen,

Daß sich kein Mensch nur um zwölf Schritt Dir

Ohn' mein Erlaubnis nah't, Du unverschämtes Thier.

Sechs

Sechster Auftritt.

Ein Sklav und die Vorigen.

Der Sklav.

Gebietender Herr Sultan,

So eben kommt ein Weib in Ihr'm Pallast an
Sie ist hübsch dik und rund, hübsch fleischig
und hübsch fette,
Und wie mich dünkt, mein Herr, ein schönes
Weib für's Bette.
Sie fiel aus einem Schif herrab in's Meeres-
schlund,
Und schwamm auf ofnem Meer hier an zu die-
ser Stund,
Sie möchte gern ein Wort mit Eurer Gnaden da,
Wird's ihr erlaubt, jezt reden.

Das Mädel.
Das ist gewis Mama.

Der Sultan.
Was? Deine Mütter? flugs! laß sie herein
hier treten.

Das Mädel.
Nicht wahr, Herr Puterhan, auch die möcht'
Er gern treten?

Und

Und doch mokirt Er sich ob meiner Wenigkeit,
Wenn ich — — —

Der Sultan.

Halt's Maul, jezt hast Du Zeit ---
Ich bin ein Mann der kann mit vielen sich be-
gehen,
Und mehr als einen Akker, wenn's ihm beliebt,
besäen,
Das gilt in aller Welt — Lies nur's Buch
von der Eh
Da steht's mit klarer Schrift.

Das Mädel.

Das ist zu toll, o weh!
Was wird dem Mannsvolk nicht für Freiheit
zugeschrieben,
Sie haben ganz allein das Privilegium,
Mit aller Welt zu hur'n, mit aller Welt zu
büben.

Siebenter Auftritt.

Frau Knips und die Vorigen.

Frau Knips (dem Sultan zu Füssen.)

Zu Deinen Füssen, Herr — bitt ich um
Gnade ---

Der

Der Sultan.

Hum!

Ein schönes Mensch bei meiner Seele!
Poz Weiß und Roth! Das ist ein hübsch Gesicht
Alles geformt nach dem schönsten Modele —
Auf, schöne Frau, und wein' Sie nicht.
Was will Sie denn?

Frau Knips.

Ach, ach! Erbarmen!

Das Schicksal hat aus meinen Armen
Meinen Sohn und Tochter fortgerissen,
Ich weiß nicht, ob Sie es schon wissen
Daß ich aus'm Schif fiel mit meinem Buben,
Den neben mir die Wellen begruben.
Bums war er fort. Da schwom ich allein,
Da drang ein großer mächtiger Wallfisch
Mit ofnem Rachen auf mich ein,
Und wie das Wetter hat er mich, risch
Heruntergeschluckt, da lag ich nun gottesjäm-
merlich
Eingewikkelt in seinen Kaldaunen
Wie Jonas, der berühmte Prophete,
Drei Tage lang, 's ist zum Erstaunen!
In seinem Ranzen gewindelt und drehte
Mich

64

Mich, wie um ein Bratspies rund herum.
Mir wurde der Kopf ganz dämisch und dumm,
Und wurde bald kalt, und wurde bald warm
Bis endlich das Monstrum mich durch den
                              Mastdarm
Wieder in's Leben spazieren ließ.
Da schwamm ich hierher, ein Neger wies
Mich zu Eurer Gnaden, da bin ich nun hier,
Und hörte, daß mein liebwerther Mann
Auch hier sey angeschwommen, und schier
Begab ich mich her — und bitte recht sehr,
Mich wieder zu meinem Mann zu führen.
'S sind nun schon drei Tag, mein Herr, und
                              noch mehr!
Das meinen Leib kein Mann thät anrühren.
Läg' recht gern wieder bei meinem Mann,
Weil ich unmöglich mehr fasten kan.
Thu' Euer Gnaden recht herzlich bitten.

Der Sultan.

Betaur' Dich recht herzlich, Dein lieber
                              Mann,
Mein liebes Kind, der ist verschnitten,
Und nicht mehr bei Dir schlafen kau,
Doch biet ich Dir meine Dienste an.

                                        Frau

Frau Knips.

O zu viel Gnade, gnädger Herr Sultan,
Steh jetzt den Augenblik zu Befehlen,
Was soll ich mich sperr'n, was soll ich's verheelen,
Daß nach den Fleischtöpfen Egypts gelüst.

Das Mädel.

Siehst Du nun Sultan, was für'n Esel
Du bist!

Erst willst Du allein bei mir Dich legen,
Nun zappelst schon wieder 'ner andern entgegen
Bist doch ein wahrer Ziegenbok
Die Augen will ich Dir auskrazen.

Der Sultan.

Stok!

Kein Wörtchen mehr — Du Weibsstük, sonst
geht es nicht gut —

Frau Knips.

Was seh ich bist Du's mein liebes Blut
Mein Töchterchen? — sieh die Freudenzähren
Die ich hier wein, mein liebstes Kind.

Das Mädel.

Ei was, Sie kan Sich zum Teufel scheren,
Wär Sie nicht gekommen, so läge das Kind
Schon bei mir im Bett, nu kan ich passen.

E   Frau

Frau Knips.

Was hör' ich, ich möcht' vor Scham erblaffen,
Hab' ich Dich darum mit Schmerzen geboren
Daß Du sollst ein Hure werden —
Ich unglüklichs Weib, ich bin verloren,
Die unglüklichste aller Mütter auf Erden —
O Sultan, laß Dich mein Fleh'n rühren —
Verschon' ihre Unschuld — und still Deine Luft
Lieber an ihrer Mutter Brust.
Ich hab' kein Jungferschaft mehr zu verlieren —
Wie könt' Euer Gnaden die Unschuld verführen!

Der Sultan.

Haft recht, ja Deine Thränen mich rühren —

(zum Mädel.)

Du kanst nur gehn, mag Dich nicht verführen,
Will mich schon mit der Mamma divertiren.

Das Mädel.

Ein Wunder, daß mich der Schlag nicht thut
rühren,
Ich huft' auf meine Jungferschaft, und meine
Unschuld dazu.

Frau Knips.
Du unverschämte Hure Du!

Das

Das Mädel.

Abscheuliche Mutter schimpfe nur zu
Eine rechte Rabenmutter bist Du!
Dein Kind um ihr Vergnügen zu bringen
Alles allein nur wollen verschlingen:
Was für ein Vielfras von einem Weibe!
Hast selber keine Scham im Leibe,
Und mokirst Dich doch über mich.
Vor Aerger gleich bersten möchte ich
Machst 's just, wie die Genies in Deutschland,
Die halten sich auf über den Wieland,
Daß er hat komsche Erzählungen geschrieben,
In denen ein Bißchen von küssen, und lieben
Geschrieben steht; mokiren sich sehr
Ueber seine Schlüpfrigkeit, die doch sehr feine,
Und mit dem Mantel der Grazie bedekt ist:
Aber die Kerls zu dieser Frist
Treiben das Ding weit weiter und höh'r.
Statt nur schlüpfrig zu seyn, werden sie Schweine
Und wenn wir bei Wieland von 'nem Mädel schön
Den Busen erblikken und ihre Beine:
So lassen sie uns den bloßen Hintern sehn *).

E 2   Und

---

*) Aus dieser Stelle möchte beinahe einleuchten, als
ob der Autor dieses historischen Schauspiels,
nicht übel Lust hätte, unsre großen dramatischen Genies

Und sprechen doch von Zucht und Ehren,
Und wollen ihm die christliche Moral lehren,
Stellen den großen Mann öffentlich zur Schau,
Brüsten sich stolz, als wie ein Pfau
Ob ihrer Reinheit — Da Wieland doch nur
In seinen Gedichten der Menschennatur
Ihre Schwachheit uns deutlich will lehren.
Denkt nicht daran, unverdorbenen Seelen
Die Wollust und Unkeuschheit zu empfehlen.
Aber sie thun alle Sitten umkehren,
Sehn alles mit schiefen Augen an,
Und haben recht ihre Freude daran

Daß

nics zu foppen, und blos aus dem Grunde ihre küh-
nen Züge nachgemalt und verstärkt hätte   Offenbar
redet er wider sich selbst. — Denn er hat, wie sein
Muster, kein Bedenken getragen, von kastriren, huren, ja selbst von d e m Theil des menschlichen Lei-
bes öffentlich und mit klaren Worten zu reden, der
den D o k t o r S m o l l e t an der berühmten m e d i-
c d i s c h e n V e n u s so außer sich sezte. — Ja nicht
allein davon zu reden, sondern ihn so gar vor der
Versammlung der ehrwürdigsten Männer des Staats,
und sittsamsten Damen zu entblössen, da er doch
sonst zu allen Zeiten sein schamvolles Haupt immer
mit einem Schleier verhülte, und sich nur unter vier
Augen öffentlich sehen ließ. Er hat also mit diesen großen Geistern, diesen schamhaften Theil des
menschlichen Körpers gezwungen schamlos zu werden.

Daß 's Ding so schief sieht; und haben lange Zeit:
Eh sie des Wielands Unsterblichkeit
Erlangen, der mit sokratischen Scherz
Und Lucianischen Geist, Weisheit in's Herz
Seiner Leser gießt, *) die Hunde die!
Und bilden sich ein, sie haben Genie.
Just so macht's auch die Frau Mama
Mokirt sich über ihre Tochter da,
Daß sie will schlafen bei einem Mann,
Da sie's doch selber nicht lassen kan.
Aber es ist nichts, als giftiger Neid.
O über die verderbte Zeit!

E 3

Seit-
den. Wie denn überhaupt Scham bei unsern Genies eine Tugend geworden ist, die sich nur für die
Tagelöhner = und Holzhakkerseelen, aber nicht für
Seelen von Kultur und Schnellkraft geziemt.

*) Könnten sich wol ein Bischen schämen unsre Ge-
nies, daß ihnen Jungfer Knips das Unrecht beweisen muß, was sie an einem der größten Schriftsteller
unsres Vaterlands ausgeübt haben. 'S ist freilich
ein Bischen am unrechten Ort, indessen kans nicht
schaden, bei dieser Gelegenheit die Otternbrut gezüchtigt zu sehn, die frech und unverschämt, wie
Straßenretten die Wildnisse ihrer ehrwürdigsten
Schriftsteller zertrümmern, und mit Gassenbuben-
frechheit auf ihren Trümmern herumtanzen. Abscheulich ists nun gar, daß Deutschland zu solchem
Unwesen applaudiren kan.

Seitdem die Genies im Lande regieren,
Und 's Ruder auf dem Pindus führen,
Liegt Zucht und Ehre unter der Bank.
Und doch reden die Kerls vom gewaltgen Drang
Der Seelenfreuden, und ihren Gefühlen,
Thun der Tugend auf der Nase spielen,
Geben ihr den Staupbesen, und stehen, und
                    schrein:
Die Unschuld nur, die Tugend allein
Macht uns die Welt zum Wohnplatz der Lust.
Und doch hat die Tugend, mit Ehren zu melden,
Von alle diesen bramarbasirenden Helden,
In ihrem Leben nichts gewußt.

Der Sultan.

Da hat das Weibsstück nun eben nicht unrecht,
'S ist, hol mich der Teufel, von den Kerls sehr
                    schlecht
Daß sie die Tugend beständig im Munde führen,
Und sie doch auf allen Ecken blamiren.
Wollen an Wieland den Sittenrichter machen,
Und schreien über ihn mit ofnem Rachen,
Daß er den Agathon geschrieben hat.
Und ist doch meiner Treu ein Buch
Das zu schreiben in der That

                                        Keiner

Keiner von ihnen in zwanzig Jahren genug
-Verstand hat, aber das ärgert sie eben.

Die Kerls bringen in ihrem ganzen Leben
Nicht so viel Verstand zusamm'n, als nur auf
einer Seite

Im Agathon steht — Versteh'n 's nicht die arm­
seeligen Leute;

Und kritisiren, was sie nicht verstehn.

So machen sie 's all, die Kunstrichterchen,
Sie mögen Bibliotheken, oder Journale
Schreiben, ihre ganze Kritik besteht darin

Daß sie die grösten Männer an einen Pfale
Stellen, und allen ihren Ruhm morden dahin.

Und oben drein, wie die Straßenjungen, sie
Mit Dret beschmeissen. Du schöne Gabe,
o Genie!

Wie wirst Du gemisbraucht. O Apollo,
wach' auf!

Wink Deinen Donner am Himmel herauf,
Und schmeis die Kerls wie Dret zusamm'n
Durch die das Verderben auf den Pindus kam.

Sie machen die Musen zu Gassenhuren,
Beizen alle Grazien von ihnen hinweg;
Verstümmeln sie zu Karrikaturen

Und lästern ihre Gottheit kek.

Schiẟ

Schik die Peſt unter ſie, unter die Hunde,
Und richte die ganze Zunft zu Grunde *).
Doch wieder zu kommen auf unſern vor'gen Text

(zur Frau Knips.)

So muß ich Euch nur ſagen, Madame,
Ihr habt mich ganz und gar behext
Ich lüſtre recht nach 'nem Duodrame
Mit Dir, mein L i e b ch e n —— Mamſell kan paſſen
Mach mich nicht mit der Sünde befaſſen,
Zu verſumfein ihre Jungferſchaft.

Das Mädel.

Nu das iſt wahr, recht meiſterhaft,
Du Hundekerl, weiſt Du Schwüre zu brechen.
Aber wart Du nur, ich werde mich rächen
So wol an Dir, Du Beſtia,
Als auch an der werthe Frau Mama;
Es iſt doch abſcheulich in meinen Jahren
So henkermäßig mit mir zu verfahren,
Ein altes Weib lieber zu haben,
Als ein jung Mädel von Reizesgaben,

Die

*) O Apollo neige dein Ohr gütig zu dem Flehen des
Sultans, und zerſchmettre dieſe Aftergenieen, die zu
beherbergen, alle Tollhäuſer Deutſchlands nicht
Raum genug haben.

Die noch kein Männeraug entweiht ---
Wenn Sie nicht übel nehmeu wollen,
So zeigen Eure Herrlichkeit
Einen ganz abscheulichen Geschmak.

Der Sultan (zur Frau Knips.)

Madam, ein Prischen Schnupftabak
Daß ich kan Kontenanze halten
Bei der Tochter heillosen Geschwäz.
Mit Einem Wort --- Sie können sich trollen
Mamsell --- und gehn wohin Sie wollen,
Sie haben Sich über nichts aufzuhalten ---
Ich will, und das ist ein Gesez.
Von jeher, als ich zu lieben anfing
War mir die Liebe zum Mädchen immer
Eine lumpichte Liebe, ein fades Ding
Von einem Roman, die Mädel sind
Nur immer halbe Frauenzimmer;
Sie haben kein Feuer, sie haben kein Leben,
Wissen nicht zu nehmen, wissen nicht zu geben.
Kurzum Kupido ist nie mehr blind,
Als wenn er 'nen Kerl zu 'nem Mädel entzünd't.
Das ist ein wahr Quarkroman ---
Was fängt mit solchen unreifen Dingern an?
Ihre Umarmungen machen einen frieren ---

E 5   Sie

Sie thun nur, als ob sie karessiren.
Es schmekt nichts fader, wie ihr Genus.
Ein Stük Holz küssen, oder 'nen Mädchenmund
Ist einerlei — Verstehen's nicht das wahre Küssen,
Sie küssen mit mehr Empfindung 'nen Hund
Als einen Kerl — aber zu küssen ein Weibchen zart —
O all ihr Götter, um wegzufließen
Ist so ein Kuß, die Gegenwart
Der Gottheit kann nicht so seelig machen,
Als wenn man voll vom gewaltgen Feuer
Eines Weibskusses auf dem Nachen
Der Liebe, im Taumel der Lust
Herrumrudert, gelehnt an ihrer Brust
Ihr Busen einem entgegenschlägt
Und auch die kleinste Ader bewegt
Man sieht das Paradies offen stehen,
Und, ach! ein einz'ger Händedruk
Von einem Weibe, zeucht hin zum Himmel,
Man fühlt durch den Leib einen gewalt'gen Ruk
Sieht um sich her in frohen Gewimmel,
Die Englein tanzen, die Weste wehen,
Den Hauch der Lieb um einen herum,
Und wo das trunkne Auge hinblikt,
Ist allenthalben Elysium.

Ach!

Ach! eine Weiberumarmung verzükt
Die frohe Seele in Abrahams Schooße,
Und in gefühlte und namenlose
Wonne der Seele schwellt unser Herz
Ach! kein Lust auf der ganzen Erde
Gränzt an den Himmelvollen Schmerz
Wenn so ein Weib mit süßer Geberde,
Die Wange errötend, es schmachtend gesteht,
Daß uns zur Liebe ihr Busen sich bläht.
O Weiber nur, ja Weiber allein,
Tröpfeln der Liebe Nektarwein
In'n Becher unsres Lebens hinnein.
Darum, Mamsel, Sie können nur gehen,
Seitdem ich Ihre Frau Mutter gesehen
Mag ich sie nicht mehr, und Sie Madam
Bereite Sie sich zum Duodram.
Ich gehe jezt hin, mich ein wenig zu baden,
Und dann will ich in Deinem Arm
An Deiner Brust von Wonne warm
Mich all' mein'r Entzükkung trunken entladen.

(Sultan ab.)

Achter

Achter Auftritt.

Das Mädel und Frau Knips.

Das Mädel.

Abscheulich, ich möchte vor Bosheit zerplazen,
Und Dir die Augen aus dem Kopfe krazen,
Verwünschte Mutter, der hundsfüt'sche Wallfisch,
Hätt' er Dich doch ewig bei sich behalten
So müst' ich nicht als Jungfer erkalten.
Seitdem Du verdammter Flederwisch,
Hierher bist kommen, hat der verfluchte Sultan
Auf einmal alles Gefühl verloren.

Frau Knips.

Länger, Nikkel, hör' ich Dich nicht an,
Da hast Du eins hinter die Ohren.
Hätt' ich doch nie Dich Hure geboren.

Das Mädel.

Was mich zu schlagen — warte Du nur —
Was unterstehst Du Dich, o Hur —
Die Haare will ich Dir aus dem Kopfe raufen,
Kontest Du Bestie nicht ersaufen,
Was kömst Du hierher, und verführst mir den
                    Sultan,
Hast Du Kanalje denn keinen Mann?

Frau

Frau Knips.

Ein'n Mann, ein'n Mann, wo hätt' ich ihn denn
Hat sich der Kerl nicht laſſen beſchneiden,
Meinſt Du, ich könnte den Lumpen noch leiden?
Da irrſt Du Dich, mein Töchterchen.
Mit Einem Worte ſey mauſeſtill,
Oder zerkraz Dich am ganzen Leib.

Das Mädel.

Wenn ich nun aber nicht ſchweigen will,
Du Rabenas von einem Weib.
Was willſt Du denn machen? Kraze einmal
Ich kraze Dich wieder, und ſolt' der Saal
Ein Ocean von Blut werden.
Du magſt Dich noch ſo abſcheulich geberden,
So ſteh' ich dafür, abſcheuliches Weib,
Solſt wenigſtens nicht mit ganzem Leib,
Des Herrn Sultans Hure werden.
Will Dich mit meinen Fäuſten ſo zerbläuen,
Daß, kömſt Du die Nacht zum Sultan hin,
Er Dich für Ekel ſoll anſpeien.

Frau Knips.

Abſcheuliches Weibsſtük, vergiſſ'ſt denn gar,
Dein'n Reſpekt, und daß ich Mutter bin,
Haſt's vierte Gebot, Du ſaubres Haar

Denn

Denn ganz vergessen, wart' will Dich's lehren
Solst Deinen Vater und Mutter ehren.
So steht's mit klaren Buchstaben da.

Das Mädel.

Wenn sonst nichts ist, Madam, ha, ha, ha,
Darüber lach' ich — Gnug will's nicht haben,
Daß Du an's Sultans Küssen Dich
Statt mein'r diese Nacht solst laben,
Müste keine Fäuste und Nägel mehr haben.

Frau Knips.

Länger ertrag's nicht, Du Satanskind,
Fühl' meinen Zorn, zu Muß zertreten
Will ich Dich jezt.

(sie schlägt sie zu Boden.)

Neunter Auftritt.

Vorige (im Balgen begriffen,) Hanswurst.

Hanswurst.

Poz alle Wetter, was ist das für'n Schrein?
Will wetten, daß die Leut in Frankfurt am Mayn
Nicht können ihr eignes Wörtchen hören.
Was seh' ich! Himmel täuscht mich ein Schein!
Haar' auf der Erde, und Blut darein

Ein

Ein Paar Geschöpfe, die mit Schimpfen und
Schrei'n
Sich Busen und Bakken krazen ein.
Nun wolte bei meinem Leben drauf schwören,
Daß es ein Paar Deutsche Kunstrichter wären,
Aber nein, sie haben Weiberrökke an;
Und dennoch es sehr möglich seyn kan,
Denn manchmal krigt man Rezensionen zu lesen,
Die natürlich so aussseh'n, als hätte sie
Ein Weibsbild geschrieben, das eben am bösen Wesen
Darniedergelegen — 'S sind saubre Kritici,
Und diese Kerle mit Weiberhirn
Sind unverschämt gnug mit dreister Stirn
Den Ton anzugeben in Deutschland!
'S ist mein Treu 'ne rechte Schand
Für die Kritik, daß sie in Pöbelshand.
Gefallen ist, daß Gassenknaben
Und Barakenweiber *) sie thun handhaben.

Zum

*) Satyre ist es nun wol nicht, was H a n s w u r s t
hier von unsern Kunstrichtern zu sagen beliebt —
sondern vielmehr, w a h r e s, t r e f f e n d e s Ge-
mälde. Man höre und lese nur, was vom M a y n,
R h e i n, der O b e r, S p r e e, E l b e u. s. w. her
geurtheilt wird — Welcher Klopffechterton! Statt
zu u r t h e i l e n, s c h i m p f t man und statt zu ta-
d e l n giebt man den S t a u p b e s e n. Scharf
kann

Zum Teufel, verfluchtes Kunstrichtergepäk
Hört einmal auf mit Eurem Kazbalgen,
Ihr macht ein Geschrei, und macht ein Geblök,
Als schrie Gott Mars bei'm Vater Homer.
Halt't einmal auf, und balgt Euch nicht mehr,
Oder schert Euch an'n lichten Galgen.

Frau Knips

(die auf einmal in ihren athletischen Uebungen einhält,
und ihren Gemahl gewahr wird.)

So, Du verstümmelter Hund, bist Du da,
Der ganze Spektakel kömmt Deinetwegen,
Hätt'st verschnitt'ne Bestia
Nicht vor ein Paar Stunden bei mir gelegen,
Ich hätte die infame Hure da
Nicht zur Welt gebracht — Wart Du Sapperment
Da gehst Du her, Lümmel, und läßt Dich ver-
stümmeln.

Hans.

kann und muß die Kritik gegen den Stümper
seyn, aber nicht schmuzig, nicht pöbelhaft, nicht im
Ton der Bierschenker und Raspelhäuser —
Und doch, hört man wol seit einiger Zeit eine andre
Sprache? — Alles kunstrichtert in Einem Tone Alt
und Jung, Professoren und Studenten,
Männer und Knaben — denn wer hinge in unsern Tagen das Kunstrichterschild nicht aus? — alles — der Ruthe eben erst entlaufen oder den Uni-
versitäten, wies fällt.

Hanswurst.

Ist's möglich, mein Weib, wart, will Dich
belümmeln,
Was wüteſt Du in Deinem eigen Blut
Vermaledeite Höllenbrut?

Das Mädel.

Ach, Vater! Ihr habt ein abſcheuliches Weib,
Denkt nur, ſie will dem Sultan ihren Leib
Auf dieſe Nacht Preis geben; Ihr wiſſt, der Sultan
Hatte mir die Ehre zugedacht.
Aber kaum war das Weib hier gekommen an,
So ward er auf andre Gedanken gebracht.
Nun ſchläft er bei ihr, das wolt' ich nicht leiden;
Was bringt ſie mich um meine Freuden?

Hanswurst.

Haſt recht, mein Tochter. Du Hure Du
Wilſt Du Ehebruch treiben? Bin ich nicht Dein
Mann?

Frau Knips.

O ja 'n Kerl, der nicht mehr kan,
Was, Beſtie, wilſt mich noch vexiren dazu?
Nachdem Du Dich haſt verſtümmeln laſſen
Meinſt Du, ich ſoll Dir treu noch ſeyn?
Verſtümmelter Hund, da kanſt Du brauf paſſen.

Das

Das werde ich wol bleiben laſſen,
Kraz Dir die Augen aus noch oben drein,
(fällt über ihn her.)

Hanswarſt.

Hülfe, Mord! Hülfe! Diebe!
Sie bringt mich um. O Liebe, Liebe,
Du einzge Quelle der Seligkeit,
Die Roſenſchimmer um uns webet,
Und uns hinauf zum Himmel erhebet,
Was bringſt mir armen Hund für Leid,
Ward mit Arſchtritten durch Dich aus dem Hauſe
                                    geſtoſſen, *)
Muſte durch Dich herumlaufen ohne Hoſen,
Muſte durch Dich meine Manheit verlieren.
Du thuſt mein Haupt mit Hörnern zieren,
Durch Dich, muſt' ich mit zerkrazten Bakken,
Mit abgebläutem Rükken, mit blut'gem Nakken
Herumlaufen. O liebe Quelle der Seligkeit
Was bringſt 'u mir armen Hund für Leid.

Zehnt

*) Schon wieder läſt ſich der Autor auf einem Genie-
    knif ertappen — er ſtiehlt wie ein Rabe — man
    ſieht leicht, daß Kandide hier beſtohlen worden —
    aber was darf ein Genie nicht alles?

Zehnter Auftritt.

Sultan und Vorige.

Sultan.

Was für ein Zeterschrei bringt jetzt in
meine Ohren!
Ha, was erblikk' ich hier, weh mir, ich bin ver-
loren,
Das Mädel röchelt nur, das Weib bedekket Blut
O großer Mahomet, verleih dem Herzen Mut.

(zum Hanswurst.)

Sprich, Sklav, was ist geschehn?

Hanswurst.

Die Weiber balgen sich,
Zerkrazen sich's Gesicht und schrein
Weil jede Deine Hur' will seyn;
Ich kam dazu, sieh', sie zerkrazten mich —
Sieh' nur, ich blute wie ein Schwein.

Frau Knips.

Er lügt der Bube, Gnädger Herr,
Blos darum macht er das Geplärr,
Weil ich die Nacht will bei Dir liegen.

F 2   Sultan.

Sultan.

Der Donner auf Dein Haupt. Wart' Fratz
Du solst es kriegen.

Fort, fort aus meinem Land, in einer halben
Stunde.

Fort sag' ich Dir, und bald — ich leide solche Hunde
In meinem Lande nicht. — Ihr Beide komt
herein,

Und machet Euren Leib von diesem Blute rein
Daß mir das ganze Herz herum im Leibe kehret —
Was stehst Du noch hier, Fratz? — Fort, sag'
ich, sie gehöret

Mir zu, und Dir zum Troz — soll sie heut
bei mir liegen,

Dein Mädel oben drein.

Das Mädel.
(das sich aus ihrer Todtenohnmacht erholt.)
Ich thu es mit Vergnügen,
Die Hofnung giebt mir 's Leben wieder,
Und Freude fährt durch meine Glieder.

Sultan (beide aufhebend.)
Nun komt nur, und Du packe Dich —
Zieh' aus so bald Du kanst, sonst Sklave
fürchte mich.

(alle drei ab.)

Eilf.

Eilfter Auftritt.

Hanswurſt (allein.)

'S ſind rechte Hunde, die Genie,
Alles zerhaſſen, zerſtümmeln ſie,
Verführ'n die Weiber, verführ'n die Töchter,
Entnerven die künftigen Geſchlechter,
Schwächen den edlen Zeugungsſaft
Die Hunde! und das nennen ſie Schnellkraft.

(ab.)

Dritter Akt.
Berlin.

Erster Auftritt.

Kanonierstraße, Morgens nach 9 Uhr.

Hanswurst

(in seiner gewöhnlichen Tracht, aber schreklich
zerlumpt. Schu und Strümpfe zerrissen. Hat
sich, müde von seinem Marsch aus der Türkey,
auf die Erde gelegt, und schläft. Die Nimfen
der Straße leeren ihre Nachttöpfe aus,
und Hanswurst wacht da-
durch auf.)

Da bin ich nun wieder in dem Berlin,
Das mich vor kurzem hieß von sich ziehn —
Was hab' ich nicht alles seitdem gelitten,
Wie hat mich Fortuna zusammengeritten.
Geehrt, vergöttert in diesem Land,
Hatt 's liebe Publikum an der Hand,
Lies sich in allen Stükken von mir leiten,
Sah' was ich that und begann mit Freuden.

Auf

Auf einmal hatt's mich überſatt
Warf mich vom Trone, zerſchmiß mir das Gat
Da muſ' ich mit hölzernen Hinterbakken,
Ich armer Lump, zum Teufel mich pakken.
Herr Stoffel Knips zu Salzburg, mit Gunſt,
Behagen fand an meiner Kunſt,
Und weil er mein Genie verſpürte,
Mich alsbald in ſein Haus einführte.
Madam, ſein wertes Ehgemahl,
Mit ihrer ſchönen Augenſtrahl,
Mich zwang dem Herrn Ehgemahl
Die breite Stirne ein wenig zu zieren.
Doch, leider! zu dem Duodram
Herr Stoffel bald dazwiſchen kam.
Und da er nie Philoſophie thät ſtudiren,
Vermocht' er nicht, ſich zu regieren.
Fing an, mich weiblich auszuſchmieren,
Und warf mich da, ſamt ſeinem Weibe,
Ohne Hoſen, mit halbnaktem Leibe,
Ganz Zorn und Glut zum Hauſe hinaus.

(Pathetiſch aus der Bruſt und hol.)

O Zorn, wie garſtig ſchauſt du aus!
Hat wol recht, der weiſe Seneka,
Der dich nennt eine Beſtia.

F 4

Herr

Herr Stoffel Knips, durch Dich so klein
Und winzig ward, wie 'n Mäuselein.
Da lob' ich die große Städt mir fein,
Komt da der Mann hinter so was drein
So läßt ers gehn, so läßt ers seyn
Nimt drum Genies zu sich herein
Und schöne Geister aller Art,
Daß sie mit seinem Weibelein
Das neue Duodram exerciren —
Gerät auch niemals drob im Zorn,
Hat ihm sein feines Liebchen zart
Die Stirn geziert mit einem Horn:
Dazu wird ja der Mann gebor'n.
Was hilft's denn da Geschrei verführen.
Ein Weib für sich nur haben allein,
Mag Mod auf Dörfern und Flekken seyn
Wo kein Geniegeist sich aufhält.
Doch anders ist's in der großen Welt.
Da zeigt's von einem noblen Gemüt,
Wenn man auf eines Ehemanns Stirn
Ein Horn hervorgewachsen sieht.
Drum man auch nirgends so viel Rind,
Als in den großen Städten find't.
Und nur ein Mann, der nicht hat Hirn,

Nie

Nie mit Genies ist umgegangen,
Der kann für sich ein Weib verlangen.
Ein Weib ein öffentlich Bierhaus ist,
In dem die Menschen von allen Nationen,
Der Türke, der Heide, der Jude und der Christ,
Aus jedem Lande, wie sie da worden
In Libia, und Pamphilia,
In Asia, und Amerika
Sich aller Rechte können bedienen ——
Vivant die grösten Städte all,
Vivat Berlin, 's soll blüh'n und grünen.
Es ist der Sammelplaz der Musen,
Hat schöne Formen, hat schöne Busen,
Hat Venustempel überall
Ist reich an hoher Tugenden Glanz,
An Menschenlieb und Toleranz ———
Hätt' Herr Stoffel Knips auch so gedacht,
Hätt's nicht so bunt mit mir gemacht;
So aber zerhaut er mich jämmerlich
Da muste armer Lumpe ich
Mich lassen in die Türkei hinführen,
Da thäten sie mich denn kastriren,
So kam ich denn um alles gar,
Ich armer Schelm, nicht genug es war,

F 5   Daß

Daß ich mein hölzern Gat verloren.
Zum Glück hab ich noch Naf' und Ohren.
Auch darum wär' ich bald gekommen,
Hätt' ich nicht schier die Flucht genommen,
So bin ich denn nun nach vielem Leid
Zerschlagen, zerkrazt, verstümmelt, verfumfeit,
Berlin, in Deinem Schooße wieder;
Wieder bei Euch, liebwerten Brüder,
Und theure Gevattern! Bin kürzlich zwar
Von Euch verstoßen, und gestaubbes't worden —
Seyd Feinde geworden von meinem Orden
Der Euch so wert, so lieb sonst war.
Jedoch wer weis, die Zeiten ändern:
Bald puzt sich's Weibsen mit bunten Bändern,
Bald trägt es Federn eine Elle lang:
Drum ist mir eben auch nicht bang',
Daß Ihr vielleicht, seht Ihr mich wieder,
Liebe Gevattern, und Theure Brüder,
Vor Freuden ruft: da ist er ja,

Unser bester Kumpe, hopsasa!

Und mich mit Freuden und Klatschen und Schrein,
Wiedernehm't in Euren Zirkel hinein.
Mus nun mein Heil ein wenig probiren,
Denn länger kan hier nicht steh'n und frieren,

$\qquad$ Ich

Ich hab' kein ganzes Hemd auf'm Leib,

(wird ein Weibsen am Fenster gewahr.)

Heda, da lukt ja schon ein Weib.
Das ist gewis 'n französche Komödiantin,
Sie hat so 'nen runden Unterkin,
Ist so gemästet, und so fette
So recht gemacht für Tisch und Bette,
Hat sich die Bakken so rot beklekt,
Sieht über und über, als wär sie gelekt,
Und ihre werten lieben Naturgaben
Hat sie gar statlich aufgedekt ---
Der Teufel! Die muß viel Gage haben,
Man merkt's, daß ihr's recht herlich schmekt.
Nun weil ich doch ein Kammerad bin,
So will ich doch mal gehen hin.

(Geht an das Haus aus dems Dämchen rauskukt.)

Liebwerte Madame, vermutlich seyd Ihr
Ein' Königin, oder sonst was hier:
Steht's Abends, mit grossen Reifen und Schleppen,
Mit grossen Federn und langen Kreppen,
In ein'm Stük von Kornelje und Voltaire
Auf'm Theater — Bei meiner Ehre!
Ich freu' mich recht sehr Sie kennen zu lernen
Bei Ihrer Augen schönen Sternen!

Und

Und Ihres breiten Busens Pracht
Bei Ihres Bauches gewaltiger Macht
Beschwör' ich Sie mich anzuhören,
Und mir Ihr Mitleid zuzukehren —

Die Dame (am Fenster.)

Sie irren Sich, mein Herr, ich bin
Ganz und gar keine Theaterprinzessin.

Hanswurst.

Und hätt' doch schier drauf geschworen!
Sehen mein Treu vom Fuß bis zu den Ohren,
Natürlich, wie 'ne franzöf'sche Aktrise aus —
Sie legen die Brüste so weit heraus,
Färben sich mit Zinnoberrot,
Wackeln wie ein Kutschpferd mit dem Kopfe
Schielen einem nach dem Hosenknopfe.
Sie machen das alles, so lieblich und schön,
Wie ich nur je bei 'ner Französin gesehn.
Drum dacht' ich auch — 's ist ganz gewiß:
Madam ist ein franzöf'sche Aktris!
Doch, wie ich seh' hab' ich mich betrogen.

Dame (am Fenster.)

Französ'sche Aktrise oder nicht,
Bin Ihnen deswegen doch von Herzen gewogen,
Und wenn Sie Sich wollen bemühen herrauf,

So

So können Sie, mein Herr, mein lieblich Gesicht,
Und meinen Busen gar voll und schön,
Und was ich nur hab', in der Nähe besehn,
Decke gern alles, mein Herr, Ihnen auf.
Sie haben etwas in Ihrem Gesicht,
Dem kein Weibsbild widerstehn nicht
Kan — es ist Ihre Nase, junger Held.

  Hanswurst (beiseit.)

 Ach! arme Hur, da wirst Du geprellt,
Was mein Nase Dir prophezeit
Abiit exessit zu dieser Zeit.
Indessen, will ich nauf zu ihr gehen,
Und ihr was abzukapern sehen —
Weil Sie befehl'n, Madam, so komm' ich hinauf.

Zweiter Auftritt.

(Zimmer der Dame. Toilette mit Zitronen und
Kalifonium und dergleichen Attributen einer Fille
de Joye bedekt. Auch ein Schächtelchen mit
Merkur, falschen Zähnen und falschen Haaren.)

  Die Dame

(halbnakend auf dem Bett liegend, auf **Hanswurst**
wartend.

  Hanswurst (tritt herrein.)

Mit Freuden flog ich zu Dir hinauf,
O breite Göttin, Dein fleischichter Rükken

         Nicht

Nicht zu umfassen von Einem Männerarm
Macht alle meine Sinnen warm
Und wirft mich trunken von Entzükken
Zu Deinen Füssen — o sieh mich hier,
Und hab' Erbarmen mit mir armen Hunde.
Schon seit acht Tagen in meinen Munde
Kein Bissen kam, ach ich mus schier
Vor Hunger krepiren, wofern Deine Güte
Mir nicht ein Schnitchen Brod herreicht —
Bewegt' ich doch Dein nobles Gemüts —
O schönste — hörst Du mich, ach Gnade
Oder siehe, ich verschmachte schier
Vor Hunger und Durst zu Deinen Füssen hier.

Die Dame (klingelt.)

Ein alt Mütterchen (kömt.)

Was zu Befehl? Du Dikke.
Die Dame.

Schoklate.

Alt Mütterchen.

Für den da! Da wird nichts passiren,
Der Kerl kan's nicht bezahlen —

Die

Die Dame.

Geh —
Genug ich bezahl sie Nikkel — He,
Was geht Dichs an, wenn ich ihn will traktiren?

Alt Mütterchen.

Sie thut 'ne ganz neue Mode einfüren,
Ein' Hure mus sich lassen traktiren,
Und Sie traktirt die Kerls gar.

Die Dame.

Genug Trampel, ich bezahl' Dir baar,
Also geh' Du und koch' Schokkolat.
Und fix!

Alt Mütterchen (im Abgehn.)

Ist ein abscheulich Weibsstük
Sie hatt's zu thun mit der ganzen Stadt
Und krigt des Dings doch niemals satt,
Ist alles an ihr Bruchwerk und gestikt,
Der ganze Körper, Stük vor Stük,
Von falschem Stof — Der arme Lump da
Dau'rt mich von Herzen, ha, ha,
Der wird die Augen gewaltig aufreissen,
Wenn er sie erst in der Nähe besieht.

Die

Die Dame.

Nu, wird es bald? — Wie oft soll ich's sagen?
Geh't Sie nicht bald, so geht's an's Schlagen,
Da will ich Dir Luder ein. iedes Glied
An Deinem Leibe in Stükken schmeissen.

Alt Mütterchen.

Wird sich das Zerschmeissen von selber geben,
Darfst ia, Du Hure, Deinen Arm nicht viel heben
So fält er auf die Erde — Dein ganzer Leib,
Du liederliche Meze, und verhurtes Weib,
Ist zusammengestikt — vom Kopf bis zum Steis,
Und das Mensch thut so dik, und macht sich
                                    so weis!

Die Dame.

Echokolate! Zum Henker wie lange wird's
                                    währen?
Mag Dein Schandmaul nicht länger mehr hören.
Siehst altes Thier denn nicht,
Daß hier dem Herrn das Herze schier bricht,
Er hat so lange nichts zu sich genommen,
Und wird noch gewis vor Hunger umkommen.
Drum geb' und mache, daß 's fertig wird.

Alt Mütterchen.

Nu meinetwegen, ich will schon gehen.

                                    Hans.

97

Hanswurſt.

Bei Venus und Amor, das muß ich geſtehen,
Mit ſo viel Anmut und Güte geziert,
Hab' ich mein Tag' noch kein Weibſen geſehen.
Es iſt alles ſo lieblich zum Wolbehagen,
Das Herz thut einem wie ein Hammer ſchlagen.
Voll lauter Drang und Wonnegefühl
Iſt einem bald warm, iſt einem bald kühl.
Das Blut läuft nieder, läuft in die Höhe,
'S küzelt einem vom Kopf bis in die Zehe.
Ich bin ganz weg, ich bin ganz hin
Mir iſt, als hätt' ich nur Einen Sinn.

Die Dame (auf dem Bett.)

Läßt alles das recht lieblich ſich hören,
Doch wenn Sie Sich wolten zu mir herſcheren,
Und ſich ſezen neben mir aufs Bett,
Das wär' wol ein Bischen mehr Etikett.
Es läſt ſehr dumm, von Flammen zu ſchrein
Von Glut, die alle Adern durchflieſſet
Aus jedem Sinn ſich doppelt ergieſſet,
Beſtändig mit dem Maule in Feu'r zu ſeyn
Als thät's aus Augen und Naſe ſprizen,
Als könten ſie nicht gehn, als könten ſie nicht ſtehn,

G   Als

Bayeriſche
Staatsbibliothek
München

Als wenn's all ihre Nerven gewaltig durchlekte
Mit jedem Augenblik sie mehr thät erhizen,
Mit jeder Minute mehr Feuer erwekte
Als wollt um sie die Welt vergehn,
Und können doch bei 'nes Mädel Bett sizen,
Können ihren vollen Busen sehn.
Und sehn die schönsten lieblichsten Knie,
Und raten nicht, was wol sizt drüber,
Geh'n ihnen nicht die Sinne über
Sinken nicht hin in ihren Arm,
Und sprechen doch, sie wären warm,
Haben den Frost, als wie im Fieber,
Sind lauter Seele, und leben vom Anschaun.

Hanswurst.

Das sind wol Lumpenkerle, traun!
Sie haben recht, Madam, die Wichter!
Doch bin ich nicht von dem Gelichter,
Bin nicht so ein Kerl mit Glut im Munde,
Und frage dem Henker nach Seelengenus,
Veracht' sie von Herzen die kalten Hunde.
Ein Händedruk, ein feuriger Kus,
Ein Umarmung und immer so weiter,
Und immer höher auf Cytherens Leiter:

Kömt

Kömt bei der Seelenlieb nicht viel herraus,
Geb um den Quark nicht eine Laus.
Wofür sind uns denn die Sinne gegeben?
Sind wir doch alle sinnliche Geschöpfe,
Die ganz in Sinnlichkeit leben, und weben.
Laßt sie nur saalbadern die platonschen Tröpfe,
Sind gewiß Kerls, die kastrirt sind worden,
Und gehör'n zu Kombabens Orden,
Sonst genössen sie wol, und schwazten nicht.

Die Dame.

Wol wahr, doch bei dem zu vielen Geniessen
Man auch eben nicht viel Rosen bricht:
Folgt gar zu oft nach all den süssen
Entzükkungen, was eben nicht
Gar wol behagt; zum Exempel, die Gicht
Der Verlust aller Gliedmassen, der Augen, der
Nasen,
Wie wir erst im Kandide es lasen,
Auch beweist es meine Geschicht —
Misfält es Ihren Ohren nicht,
So will ich sie Ihnen jezt erzählen.
Erlauben Sie's?

G 2   Hans.

Hanswurst.

Sie dürfen befehlen
Wer läßt sich von Schönheit nicht gern erzählen.

Die Dame.

Mein wertester Herr, wie Sie mich hier sehn,
Mit all den Reizen, und Wesen schön,
Bin ich ein unglüklich Geschöpf, denn alles, Sie
Ist falsche Waar, und Gestik an mir.
Sehen Sie dies eine Auge, das
So leichtfertig lacht — es ist von Glas —
Sehn Sie der Zähne herliche Reih
Auch nicht Ein wahrer ist dabei;
Und dieser Busen voll und gros
Gemalte Pappe ist er blos;
Und dieser Arm, Sie werden ihn loben,
Mein Herr, er ist nur eingeschroben.
Und so, mein Herr, von unten bis oben
Ist alles, was Sie vorher erhoben,
Vom erst zum lezten, nicht eines mein,
Und ach! die Quelle davon allein,
Ist mein Liebe zu den bildenden Künsten.
Sie wissen wol in lieben Deutschland
Könt eben keines zu Gewinsten,

Ist

Ist er von Lieb' zu den Künsten entbrant.

Ich bin gebor'n, mein Herr, in Schwaben,
Wo alles die Leute, Verstand nur nicht, haben;
Da war mein Vater ein Häscher, mein Herr,
Der immer die Leute im Vergnügen störte,
Und jeder ihrer Freuden wehrte.

Gingen sie ein Bißchen über die Regel hinaus,
Gleich mein Herr Vater den Prügel herraus
Und schlug ganz erbärmlich auf die junge Genien,
Wolt mit Gewalt nach der Regel sie ziehen
Fand alles falsch, was er nicht verstand.

Ich fand solche Leute, mein werter Herr,
Auch in Berlin hier, nach der Hand;
Doch heiß man sie hier Kritiker.

Nun hör'n Sie weiter --- mein Vater zog mich
Gar mächtig streng, das wollt nicht behagen.

Ihnen, mein Herr, brauch's nicht zu sagen,
Genie läßt nicht in Regeln sich schlagen.

Und ein Genie, mein Herr, war ich ---
Das heißt: ich fühlt' 'nen allmächt'gen Drang,
Schönheit zu trinken durch alle Glieder,
Den ganzen Körper die Länge lang!
Besonders schlug mir unter dem Mieder
Die Brust gewaltig --- Sie pochte und schlug

Das

Daß ich oft ganz im Feuermeer schwizte,
Und mir es ward, als ob mir das Blut
Aus allen Adern und Nerven sprizte.
Mein Seel ganz Schwung und hoher Flug —
Erfüllet ganz vom höchsten Gut
Des Epikurs, gewönte sich bald
An dem Vergnügen, das schöne Gestalt
Und schönes Bild der Seele eingießt —
O Herr ganz über alles Beschreiben
Sind Euch die Freuden, wenn man zerfließt
Im Anschau'n des Schönen — man kan nicht
     bleiben,
Will immer höher und tiefer; so ging's
Mir Armen auch — Des süßen Dings
Kont ich Euch leider genug nie krigen,
Bis dann zulezt sich mein Vergnügen
In bitre Galle hat gekehrt.
Doch, Herr, Ihr habt noch nicht gehört,
Wie ich zuerst der Schönheit genoß!
Mein Vater hat einen Bruder, der auch Profos,
Also auch ein Kritikus war, der hat einen Sohn
Mein Herr, das war Euch ein wahrer Adon.
Denkt Euch, mein Herr, 'nen runden Jungen
Mit schwarzen Augen, und blonden Lokken,
        Die

Die Bakken so weis, als wenn sie mit Schneeflokken
Uebersät wären, und ganz von Rosenblüt durch-
     drungen,
Eine grosse Nase mit hohem Bug,
Und Lippen, so rot als wie die Korallen;
Alabaster die Zähne, der Nakken --- Genug,
Mein Herr, er hätte der Venus selber gefallen.
Er kam zuweilen in unser Haus
Und lehrte mich den Geschmak am Schönen,
Und lehrte: die wahre Schönheit zu fühlen,
Mus man an ihrem Genus sich gewönen,
Das blosse Anschau'n mach' es nicht aus,
Und nur damit tändeln, nur damit spielen,
Verriete immer sehr wenig Geist.
Aber im Genusse, da könte man fühlen,
Zu welchem Entzükken die Schönheit hinreist.
Wir nun, die wir einander gefielen,
Wir säumten nicht lange, mit dem Geniessen
Der Schönheit, in Wonne zu zerfliessen.
Weis noch den Abend, an dem es geschah'
Wo er die Rose zuerst sich plükte,
Zum erstenmal das Blümchen zerknikte,
Das noch kein Männerauge sah'.
Es war ein schöner Abend, der Himmel

    G 4   War

War heiter und blau, das liebe Gewimmel

Der Sterne rolte am Firmament

Die Weste hauchten im leisen Akzent

Uns Minnesang. Ein grüner Rasen

Auf dem wir beide voll Trunkenheit saßen,

War unsres Genusses Paradebett.

Wir hatten Langes und Breites geredt,

Von Liebe, und Schönheit, von Freuden und

Küssen,

Von Händedruk, und süssem Geniessen

Als sich almälig die Sprache verlor,

Mein lieber Busen wärmer empor

Stieg, schwoll, und bebte, und glühte und pochte,

Und Feu'r, wie ich noch nie gefühlt,

Durch alle meine Adern kochte.

Mein guter Geliebter hatte schon lange

Mit meiner Brustschleif lüstern gespielt,

Als schnell durchbebt von innerm Drange

Die Schleife auseinandersprange,

Und ach! mein Busen, so groß und voll

Er damals war, in Händen, ihm quoll.

Da drükt er denn glühend seine Augen

An meine Augen, dann auf den Mund

Als

Als wolt' er den Himmel von ihnen saugen;
Dann schlang er um meinen Nakken sich wieder
Und ach! ihm bebten alle Glieder,
Da lagen wir dann im Grase nieder,
Und ach! in jeder Nerven schlug Leben,
Und alle Sinne thäten sich heben,
Wir fühlten, empfanden — — —

Hanswurst.

Ist's möglich? Ach halten
Kan ich mich länger nicht — O Stanzel, wie
Kenst mich nicht mehr? Ach müssen wir
Uns wieder sehn in diesen Gestalten?
Find'st hie den alten Geliebten in mir.
Ich bin's der Deine Rose pflükte,
Bin's der Dein Blümchen Dir zerknikte.
Und weil mir Dein Vater, der Kritikus,
Vor den Hintern gegeben seinen Fus,
Aus meinem Lande wandern muste ——
Ach! damals war es mir, ich wuste
Selber nicht wie? — Dich zu verlieren
War ein Schwernotsgedanken, und ——
Ich glaubte auch schier dabei zu krepiren,
Und ach! nun find ich Dich, wie mich

G 5

Zer.

Zertrümmert bist Du in tausend Stükken,
Ich selbst nun besteh' aus Lumpen und Flikken.
O Liebe — Liebe, wo führst Du hin!
Wie wenig bringt Dein Geniessen Gewinn.
Man kömt durch Dich um Auge und Ohren,
Um Hintern und alles — Zum Seegen geboren
Hat Dich die gütige Natur,
Doch seit Kolumbus nach Amerika fuhr,
Ist alles Unheil losgebrochen!
O all' ihr Liebesgötter, wie viel
Sind seit der Zeit vom Liebesspiel
Zerfezt, zerlumpt, mit Wunden viel
Bedekt, in Charsteen gekrochen!
Ach! theure S t a n z e l — Liebstes Kind,
Nach vielen Jahren Dich wiederfind.
Ach aber wie — und so auch ich.

Die Dame.

Mag's seyn, Du Holder, genug habe Dich,
Drük Dich wieder an meinen Busen.

(umarmt ihn, und der papne Busen
fällt auf die Erde.)

Hanswurst.

Ha seh' ich recht, o all ihr Musen,
Du willst mich drükken an Deinen Busen,
Und sieh, da fällt er zur Erde hin!

Die

Die Dame.

Siehst nun, wie zu beklagen bin!

Hanswurst.

Du armes Ding, doch sage mir,
Wie kamst so herunter? Wie ging Dir's hier?

Die Dame.

Seit uns mein Vater in Liebe verschlungen,
Von Amors heissem Feuer durchdrungen,
Mit allen übergegangenen Sinnen,
Du weist es, liegend fand, seitdem hatt' ich
Keine ruh'ge Stunde; Du mustest von hinnen!
Ich verzweifelte schier und sehnte mich
Zurük nach jenen Freuden im Grase.
Ach! alles umsonst, denn Vater, und Mutter,
und Base
Hatt'n beständig ihr Auge auf mich.
So lebt' ich traurig, da fügt' es sich
Daß meine Eltern zur Beichte gingen,
Ich mit --- Ein Pfarrer den Tag zu uns kam,
That mit uns lesen, beten und singen,
Und predigte dann von vielerlei Dingen,
Besonders von Keuschheit und Zucht und Schaam.
Er hatte Gebetbücher die Menge geschrieben,
Und Predigten ganze Bände voll;

In

In den sehr viel wider das Lieben
Und ihrem Genus geschrieben seyn soll.
Seine Predigt war aus, nun kam's zur Beichte.
Da trat ich nun zu ihm, mein Auge war feuchte
Von Thränen. „Iſt's Sündengefühl?
„Das weinen Dich macht?" Ach! mein Herr
        Pater,
Iſt nichts als Sehnsucht nach Amors Spiel!
„Verzeih' Dir's der liebe himliſche Vater.
„Du biſt ein ſündlich Weſen — Bete geſchwind
„Ein Duzend Ave Marias, mein Kind. "
Ach mein Herr Pater, was hilft's mir
Was frommt ein Ave Maria hier.
Ich ſehn' mich nach Liebe, ſehn' mich nach Genus,
Und all' das Beten bringt nicht 'nen Kus.
„O Sünderin, Sünderin mit Dir iſt's weit
„Gekommen — weh Dir Du biſt in Ewigkeit
„Verloren! wirſt niemals aus dem Fegefeuer
„Erlöſt werden, und Deine Seele iſt doch
        ſo theuer
„Im Auge des Himmels — doch will ich Dir
„Noch einen Weg zur Gnade verkünd'gen
„Biſt Du ſo klug und folgeſt mir.
„Ich nemlich, Mädchen, mus Dich entſünd'gen,
         „Ich

„Ich bin ein frommer, heil'ger Mann,

„Thust Du mit mir, was andere gethan,

„So bist Du Deiner Sünden quitt."

So sprach der fromme Pfarrer, und schnitt

Um nicht so viel Obstakel zu finden,

Und leichter mich meiner schweren Sünden

Loszumachen, mit einer Scheer

Vom Nabel an mein Kleid die Quer

Entzwei — So warf er mich denn in'n Stuhl
                nieder

Und absolvirte mich christlich und treu.

Da ward ich meiner Sünden frei,

Und ach! befand mich wol dabei.

Ach! sprach ich, wenn der Herr Pfarrer erlauben,

So werd' ich öfter, um meinen Glauben

Zu stärken, und fängt die Sünde in mir an

Zu kämpfen, mich zu Ihnen begeben,

Und mich derselben losmachen lan.

Der Pfarrer sprach „Dir ist beschieden

„Die Vergebung, gehe nun hin in Frieden

„Und sünd'ge fort nicht mehr Doch ach!

Auf allen diesen süssen Empfinden

Folgte bald bitre Reue nach.

Der Pfarrer thät in mir ein Feur entzünden,

                       Das

Das alle meine Gebeine zerfraß,
Es brante und tobte ohn' Unterlaß,
In allen Adern, in allen Knochen,
Mir war's, als würd' ich mit Nadeln zerstochen.
Mit einem Wort, mein Lieber, der geistliche Herr,
Hatte Kolumbus neue Waare
Die er aus Amerika her
Brachte, mir angehängt — Was für Geplärr
Erhub ich! Doch ward in 'nem halben Jahre
Ich wieder kurirt. Mein Vater der nun
Nichts mehr von mir wissen wollte, stieß mich
Aus seinem Hause, was solte ich
Entblöst, ohne Brod, ohne Kleider nun thun?
Ich bot mich den jungen Herren an,
Doch wolt' auch nicht einer dran.
Endlich erbarmte ein Ratsherr sich.
Ich muste ihm folgen. Er brauchte mich
Und zahlte mich gut, und weil ich troz mei-
ner lezten Kur
Noch ziemlich stark und robuster Natur
Um viele Kämpfe auszuhalten,
Beschloß er mich, noch ein'ge Zeit
Zu seinem Vergnügen bei sich zu behalten.

So

So ging's ein paar Wochen, da kam ein Offzier,
Ein hübscher Bursch, der sah mich im Bade,
Lud ohne Barmherzigkeit und ohne Gnade,
All' mein Schrei'n half nichts, mich auf sein
      Maulthier,
Und schlepte mich fort --- Der Offzier war
      von hier,
Und stand da auf Werbung. Er schlief bei mir,
Und schien mit meiner Unterhaltung sehr wol
      zufrieden,
Er führte mich mit sich, und sezte mich hier:
(Ach)! so veränderlich ist alles hienieden!)
Wieder in Freibeit. Nun war ich für mich.
Was war zu thun? --- Ein Genie war ich,
Und als ein Genie hatt' ich zu Geschäften
Keinen Trieb. Aber hatt' auch als Genie
Nichts zu leben. Doch scheut' ich alle Müh
Und alle Arbeit. 'S wird Dein Genie nur
      entkräften,
Dacht' ich. Und arbeiten mus kein Genie!
Faulenzen den ganzen Tag, und sich nie
Die geringste Mühe geben, alles auf's Ohngefähr
Lassen ankommen; wo's Brod kan her
Kommen, dafür mus ein Genie nicht sorgen.
              Was

Was kümmert Dich der künftige Morgen,
Genug, daß für sich schon jeder Tag
Hat seine Sorgen und seine Plag.
Die Herren Kunstrichter mit langen Stäben,
Die dem Bettelvolk immer, (gehn sie nach Brod,)
Ihren Stok fühlen lassen, hatten ihre Noth
Mit mir. Thäten mir immer die Lehre geben,
Ich solte mir was zu schaffen machen,
Doch thät ich ihren Rat verlachen:
Doch die Noth brach immer mehr herein,
Da must' es denn entschlossen seyn,
Mit Einem Wort, ich muste mich fassen,
Und jedem, der wolte, mich überlassen.
Da hatt' ich denn vollauf zu thun,
Hatte kaum Zeit nur auszuruhn,
Als auf einmal ein Dichter vom ersten Range,
Ein grosser berühmter Platonikus,
Der immer, von Ansehn nur lebte, im Kus,
Alle sein' Bedürfnisse erfült, zum höchsten Genus
Gelangt zu seyn glaubte. Er kam zu mir, und
             tändelte lange
Mit meinem Busen, und sas und fühlte
Bald dahin bald dorthin, seufzt' und spielte
Mit meinen Lokken, bis endlich er sich
                              Ganz

Ganz in den Tempel der Liebe schlich.
Und mein Platoniker ganz Glut und Hitze
Hob mich beinahe zum Göttersitze.
Doch ach! kaum war das Werk vollbracht
So fühlt' ich schon mit aller Macht,
Daß er Verderben in mein Gebein
Gegossen — Vor Schmerzen tont' ich die ganze
                    Nacht
Nicht schlafen, mußt laut jammern und schrein,
Kurz in den jezgen Zustand hinein
Hat mich der Dichter, mein Lieber, gebracht.

Hanswurst.

Das ist zu toll — Ich wolt dem Poeten
Hätte der Teufel den Hals umgedreht.
Man solte all solche Hunde töten,
Die immer vom Geist in der Liebe reden,
Und wahre Epikuräer sind,
Und Schweine, wie man sie nirgends find't.
Doch nimm mir's nicht übel, mein liebes Kind,
Hab endlich mal Lust, was zu geniessen.
Die Schokolate bleibt lange aus.

H   Drit=

Dritter Auftritt.

Das alte Mütterchen, (bringt Schokolate.)

Die Vorigen.

Alt Mütterchen.

Da trinkt, ich denk es soll euch schmecken,
Zukter und Eier sind nicht gespart.
Werd't sie mit allen Fingern lecken.

Hanswurst.

Wir haben lange genug geharrt
Und hätten wir uns nicht erzält:
Ich glaub', ich läge schon entseelt
Verlassen von allen Menschen, im Grunde
Des Grabes, eine Speise der Würmer und Hunde.
Doch juchhe! die Schokolate ist da.

Die Dame.

Da Schäzchen, die erste Tasse empfah.

Hanswurst,
(hapst mit einem Zuge die Tasse aus.)

Alt Mütterchen.

Die Pest! wie schnapst der Kerl zu,
Friß lieber die Tasse, Du Vielfras Du!

Teu.

Teufel! wie kann der Kerl schlingen!
Ich hätt' nur sollen 'nen Eimer voll bringen.

Hanswurst.

Ja, Mütterchen, Genies thun greulich schlin-
gen,
Das macht, weil uns der Hunger reißt,
Wie denn auch oft unser Werk beweißt.
Zeigt allenthalben hungrigen Geist.
Ist keine Kraft und kein Saft darin,
Und fließt, wie klares Wasser hin.

Die Dame.

Nun trink nur, trink nur, lieber Mann,
Und nimm sogleich die ganze Kann.

Hanswurst.

Ich will mich nicht lange bitten lassen,
Denn ach! mich hungert über die Maaßen.
    (nimmt die Kanne und schlürft sie aus.)
Da liebes Kind, der Zug ist gethan.
    (Es wird gepocht.)
Was ist das? Pocht nicht jemand an?
Nun laßt den Klopfer nur herein:
Vielleicht wird's eine Kunde seyn.
    (Es wird aufgemacht.)

Vier-

Vierter Auftritt.

Ein Schwarzrok und Vorige.

Die Dame.

Ha der Magister! Herr Philosoph,
Schön guten Morgen! Woher so früh?
Wie geht's? Was macht die Philosophie?

Der Schwarzrok.

Mein schönes Kind, verzeihen Sie,
Mach' Ihnen sehr früh heut mein'n Hof.
Denn hab' noch viel zu rezensiren,
Darf also keine Zeit verlieren
Weil ich bald an die Arbeit geh.

Hanswurst.

Ha! was für Züge, und Töne? He!
Das ist mein Junge! Lieber Sohn,
Wie kamst Du mit dem Leben davon?
Du fielst ja in des Meeres Schlunde?

Der Schwarzrok.

Ja, Vater, aber kam nicht auf dem Grunde.
Durch viele Fata mancherlei,
Bin ich anhero angekommen.
Ist hier ein närrisch Volk, mein Treu!
Ward auch recht gütig aufgenommen,

Und

Und glaubt mir, lieber Vater, dabei,
Hanswurst gilt viel hier noch mein Treu.
Sie haben ihm zwar das Wams genommen,
Doch rollirt er noch im Publiko rum,
Auf allen Etken rund herum.
Trägt Allongeperrüken, und Priesterkragen,
Und ist, Euch platt herauszusagen,
In allen Ständen wol gelitten;
So in Pallästen, wie in Hütten.
Ich selber, als Magister bier,
Tret' oft mit meiner Kappe für,
Mit allem meinen Narrenwesen.
Dürft nur die allgemeine Bibliothek lesen.
Ich, lieber Vater, arbeite dran,
Wie Euch, wenn Ihr wolt, der Artikel:
Schöne Wissenschaften, beweisen kan.
Bin sehr bekant auf der S t e ch b a h n.
Da hau' ich Euch die grossen Geister,
Göthe, Wieland und Lenz zusammn'n.
Sind zwar Virtuosen und grosse Meister
Und denen ich allen, God my dam!
Nicht die Schuriemen auflösen kan.
Aber was thut's? ich hau sie zusammn'n.

Hans.

Hanswurst.

Das hab' ich längst gemerkt, mein Seel!
Nu das ist doch ein rechter hübscher Empfel .
Für die allgemeine deutsche Bibliothek.
Hab's längst an dem unverschämten Tone
Und an dem pöbelhaften Hone
Gemerkt, daß so ein Stük von Gek,
Die schöne Wissenschaften rezensirt.
Da hat uns das Schiksal gar wunderlich
Zusammengeführet, mich und Dich.

Der Schwarzrok.

Ich freu' mich herzlich über dies Glük,
Doch komt, ich mus Euch ein neues Stük
Vorlesen, aus der Stechbahn'schen Fabrik,
Es ist der klein fein Almanach,
Wo Euch der Verfasser in der Vorrede vermessen,
Herrn Bürger zu schinden nicht hat vergessen,
Und viele andere Männer groß,
Als wie die Buben skandalisirt.
Nun hört mir zu, wie sich's, gebür't.

(Der Schwarzrok liest die Vorrede; das
alt Mütterchen, die Dame, und Hans=
wurst bekommen während des Vorlesens
Gicht, und Bauchgrimmen.)

Der

Der Schwarzrok.

Auweh! mein Magen, auweh! auweh!
Ich krige Bauchgrimmen. Geschwind macht
mir Thee.
Auweh! es zukt mir durch alle Glieder,
Allmächtige Götter, ich sinke darnieder!
O du verfluchte Vorrede du!
Du machst mich krepiren.

Hanswurst.

Und mich dazu.

Die Dame.

Auweh! mir thut's die Glieder zerreissen.

Alt Mütterchen.

Auweh! ich fange an zu sch — n,
Ich krige den Durchfall, meiner Treu!

Der Schwarzrok.

Lebt wol, mein Leben ist vorbei!

(stirbt.)

Hanswurst.

Auweh! ich sterbe, ich bin tot!

(fährt ab.)

Die Dame.

Mein Auge starrt, o Kreuz, o Not.

(bläst den Geist aus.)

Alt

Alt Mütterchen.

Da fährt der Geist zum Hintern hinaus.

(krepirt.)

Der Soufleur·

(kriecht aus seinem Loch.)

Da sind sie nun tot, wie eine Maus.
Ist alles am Almanach krepirt,
O! daß so 'n verfluchtes Buch geschmiert!
Ich selber füle meinen Tod.
Poz Almanach! Poz Schwerenot!

(Soufleur, röchelt und stirbt.)

(Vorhang fällt zu.)

Ende des Schauspiels.

Epilog

Epilog

Hanswurst's Schatten.

Ihr Herr'n und Damen insgemein,
Bitt meine Possen und Narretein
Nicht alzu ungut auszulegen;
Besonders der grossen Männer wegen,
Die ich zur Schau hier aufgestelt.
Ob's gleich 'nem jeden in die Augen fält:
Daß ich als Narre nicht schimpfen kan;
So möcht' ich doch nicht um alle Welt willen
Euch glauben machen, als wär' ich etwa'n
So'n lüftger Gesell von der Stechbahn,
Dem's Zeitvertreib wär' in garstgen Pasquillen
Die Göthe und Lenze zu blaffen an.
Nein, werte Herrn, bin dazu nicht der Mann.
Wenn sie als Menschen, und als Genie
Mal 'ne Kappriole zu viele machen,
Mit ihrer zu raschen Fantasie
Husch! durch die Lüfte hurliburli!
Als sässen wir auf 'nem Wagen mit feurigen
Drachen,
Hinweg über Thäler und über Hügel
Uns fortkarbatschen, mit schiessendem Zügel

H 5

Und

Und so auf'ne Weile die grade Spur
Der lieben, guten Mutter Natur
Verloren haben — Wir armen Hunde
Von Ungenien, was wollen denn wir
Die Nase drob rümpfen mit schiefem Munde.
Nicht von den Herren, die Rede war hier.
Meinten die kleinen, nachkläffenden Hunde,
Die ohne den Kopf, und ohn das Genie,
Tyranisiren die Fantasie:
Und denken, wenn sie nur hübsch ohne Regel
Und ohne Zucht ins Gelag hinein
Ihrer verbranten Einbildungskraft Segel,
In den Wind spannen, und die Natur
(Die Hunde kennen sie den Namen nach nur!)
Ganz gottesjämmerlich verfumfein,
So werden sie gleich Göthe und Lenze seyn.
Daß indessen die Herr'n im Schauspiel doch
                        vorkommen,
Darin sind wir gefolgt den werten Horaz
Und haben partem pro toto genommen.
Denn da die Herr'n ohn' Willen und Vorsaz
'Ne ganze Herde imitatorum pecus
Nach sich gezogen zu ihren Verdruß:
So hab' ich dies Gesindel und Otterngezüchte
                        Mit

Mit meiner Pritsche von dem Parnaß
Vertreiben wollen, und allen dem Spaß
Und all der Unordnung ein Ende machen,
Den diese Lumpen und armseelgen Wichte
In der Gelertenrepublik anfahn.
Mögen sie nun immer ihren Rachen
Gewaltig drüber auffsperrn im Ton der Bi-
                    bliothek,
Die da geschmiedet wird auf der Stechbahn
Sich grimmig empören mit lautem Geblök,
Wer hört wol auf sie, und ihr Geschrei?
Und hab' ich der Possen zu viel getrieben;
So hab ich armer Lumpe mein Treu!
Schon satt genug dafür büssen müssen,
Und werd des Narrenspiels nicht wieder üben!
Hab ich's nicht mit dem Leben müssen büssen?
Bin ich nicht krepirt am feinen Almanach?
Und hab' unter Bauchgrimm und gewalt'gen Ach!
Mein armes Leben aufgegeben?
Traun! seit Papa Adam in'n Apfel biß,
Verlor noch kein's schmäl'ger sein Leben
Als ich, daß ich an solchen Schiß
Muß meine arme Seele aufgeben?
Doch wär's noch ein Trost, wenn nur mit mir
                                    Wär

Wär' ausgestorben der Narrenorden,
Und von Hanswurst die Welt für und für
Auf einmal wär quitt und ledig geworden.
Doch 'Euch, Ihr werten Damen und Herren
Ins Ohr geraunt: ich zweifle schier.
Denn wie mein Großvater zu sagen pflag
Sie wachsen, wie Pilze, die Gecke und Narren,
Und sterben nicht aus bis zum jüngsten Tag.

(Epilog geht ab.)

II.

Der Staupbesen.

Eine

bramatſche Fantaſei.

Fantasei als Prolog.

Ich bin die Göttin Fantasei,
Und alle Künstler, Maler und Dichter
Und Philosophen und Kunstrichter
Brauchen mich insgesamt mancherlei.
War sonst 'ne edle Gottesgabe,
'Ne sittsame Jungfer voll Zucht und Ehr'n:
Doch all ihr Götter! seit kurzem habe
Ich müssen mein ganzes Wesen umkehren.
Seitdem die grossen Genies gewachsen
Von dem Parnassus sind empor,
Ich alle meine Reputation verlor.
Durch allerlei Possen und schmuzge Faxen
Durch allerlei Griffe und Grübelein,
Die allzuzüchtig und keusch nicht sein:
Thäten sie mir mit üppigen Bildern
Erfüllen mein entzündet Gehirn:
Nu muß' ich die lüderlichsten Scenen schildern
Und wie 'ne Hure mit frecher Stirn
Mich zu den Bierbänken des Pöbels gesellen,

Mich;

Mich in die Marktschreierbuden stellen,
Seht Euch im lieben Deutschland um,
Sind nicht die Grazien glatt verschwunden,
Die Musen stuprirt, genotzüchtigt, geschunden?
Hat alles nicht's Privilegium
Die Sitten zu schänden, die Zucht zu blamiren
Genie und Tugend zu schikaniren?
Kotwühler werden unsre Dichter
Und Büttelknechte unsre Kunstrichter,
Nicht, daß sie die Irrenden weisen zurecht,
Sie behandeln sie, wie die Henkersknecht,
Schinden und zerkrazen sie auf allen Ekken.
Weil er die Lumpen übersieht,
Von höhern Geist und Feuer glüht,
Schlagen sie 'n todt, daß er Staub muß lekken.
Und ach! ich arme Fantasei
Muß büssen diese Hudelei,
Werde geplakt von allen Seiten,
Muß hausen unter dem Pöbel von Leuten.
Zur Gassenhure geworden bin ich,
Und jeder Troßbube notzüchtigt mich.
In diesem Schauspiel werdet Ihr sehen,
Wie die Sachen auf unserm Parnassus stehen,
Merkt ja wol auf, und gebt hübsch Acht:

Ist

Ist auch kein Wörtchen ausgedacht,
Sondern ist alles gemalt nach dem Leben,
Ob's gleich heißt eine Fantasei —
Ist alles richtig, und so getreu,
Wie's in der Natur thut leben und weben,
Empfielt sich nun bestens die Fantasei.

(Prolog macht einen Knix und ab.)

J   Erster

Erster Akt.

Utopia.

(Eine schöne Gegend. Schampanger schäumt in den Bächen, aus den Felsen fließt Milch und Honig. Kleine Liebesgötter reiten auf Pferden von Honigkuchen. Gebratne Tauben fliegen allenthalben herum. Die Lerchen und Nachtigallen umher singen wie die Kastraten und akkompangiren einander. Die Bäume schütteln Blumenkränze herab. Alles verrát Freude und Wolleben.

Erster Auftritt.

Apollo

(sizt auf einem Tron von Gerstenzukker, hat seine Leier in der Hand, singt und spielt. Die Nachtigallen akkompangiren.)

Lied.

Vom Parnaſſus weggebant
Siz' ich hier und dichte Lieder;
Und mein Deutsches Vaterland
Sieht mich nun so bald nicht wieder:
Denn das Dichtervolk alda
Hört nicht auf mich zu beschwerden,
Und der Musen Herr Papa
Möchte dort des Teufels werden.

* Kaum

Kaum rückt eine Meß heran
Fängt das Volk gleich an zu schreien,
Jedem Lumpenleiermann
Soll ich meine Zitter leihen. *)
Und das Volk brüllt wie das Vieh **)
Laut erbärmlich, reisset Zote
Und nennt es denn Poesie,
Epopäa oder Ode.

Lieber in Utopia
Als dort bei dem Volke leben,
Hier ist Wollust fern und nah,
Seht, gebratne Tauben schweben

J 2   Rings

---

*) Werden vermuthlich die Musenalmanache gemeint,
in denen so viel unberufnes Volk nach dem Dichterkranz
greift. Scheint aber als ob Apoll ihnen die Harfe nicht
liehe, wenigstens schnarren die ihrigen abscheulich, und
klingen gräslich verstimmt.

**) Das sind unstreitig die so genannten Bardensän-
ger, die's Klopstok und Denis nachmachen wollen:

Und singen stolz im hohen Chor
Vom Tod fürs Vaterland uns vor,
Und naht ein Preussischer Husar:
So läuft die ganze Bardenschaar.

Rings umher, doch lieber Gott!
Dort muß ich mit Zuchthausvetteln
Um das liebe täglich Brod
Wie die armen Sünder betteln. *)

Hol's der Teufel, ich will hier
In Utopia mich pflegen;
Und aufs Zechen für und für
Statt des Leierns mich verlegen,
Tauben schon gebraten, sind
Ja in Menge hier zu haben;
Wein hier in den Bächen rinnt
Heißa lustig! will mich laben.

(Steigt von seinem Tron, schlurft aus den Bächen
nach Herzenslust seinen Wein, sperrts Maul auf,
die gebratne Tauben kommen geflogen, spazieren
ihm herein, und er verzehrt sie mit vielem Appetit.)

Zwei=

*) Das ist Ihre Schuld, Herr Apollo, warum können
Sie nichts weiter als Verse machen? Hätten Sie Sich
hübsch auf ein Handwerk gelegt, schusterten und leinwe=
berten sein, und trieben so darneben die Poeterei, wie
Herr Daniel Säuberlich, Ew. dichtrische Herlich=
keiten würden nicht Hungerpfoten saugen. Wer wird
aber puren Poeten mehr geben als Brod und Wasser?

Zweiter Auftritt.

Merkurius

(Kömt geflogen und sieht mit grosser Verwundrung eine
Weile dem schmausenden Apollo zu. Dieser hört und
sieht nicht und ist tapfer drauf los, endlich schlägt ihm
Merkur auf die Schulter. Er fährt zusammen, und
läßt vor Schrecken eine Taube fallen, der er
eben den Kopf abgebissen.)

Apollo voll Schrecken.

Joseph Maria!

Merkurius.

Ei Sapperment Apollo, was ist das für 'ne
Wirtschaft? Du sizst hier und frißt, wie ein
Scheundrescher. Schickt sich das für den Gott
der Dichtkunst? Pfui Teufel, Verse machen und
gebratne Tauben fressen, das ist wider Zucht und
Sitten.

Apollo.

Kömst gewis aus Deutschland, Musje Her-
mes. Meinst weil da die Epopäen- und Odendich-
ter Brod fressen und Wasser saufen, Apollo soll
auch damit vorlieb nemen. Das las ich wol bleiben. Apollo pflegt sich gern und mag was guts.

Merkurius.

Aber Herr Urian, warum will. Er's denn bes=
ser haben, als seine Brüder in Christo in Deutsch=
land? He? Abscheulich! Kerl bist ein Versema=
cher, und bist gemästet, wie 'n Generalsuppern=
dent. Mich soll der Teufel holen, Kerl siehst
aus, als wenn Du genudelt wärst.

Apollo.

Was geht denn das Ihn an, Hans Schub=
bejak? Meint Er denn Herr Botenläufer, ich
soll auch so 'n zusammengefalnes, verschrumpftes
Armesündergesicht haben, wie seine Genies in
Deutschland? Die Kerls schmauchen den ganzen
Tag Tobak, saufen nichts als dikken Kaffee, fres=
sen Mehlbrei und Kartoffeln, und denn sezen sie
sich wieder mit vollem Magen an 'n Schreibtisch,
und reimen, filosofiren und rezensiren. Kein Wun=
der, daß die Kerl hernach zusammenschrumpfen,
wie 'n Advokatengewissen, schlotrige Waden und
Schlapperbauch haben, daß man sich kreuz'gen und
segnen möchte, wenn man sie ansieht. Gebratne
Tauben solten sie fressen, Wein solten sie saufen,
sich auf 'ne Schaukel sezen, und nach Tische sich
ein Paarmal durch die Luft gängeln lassen, so

krig.

krigten sie die Schwindsucht nicht, und reimten, und filosofirten, und rezensirten nicht so schwindsüchtig. So mach' ich's, und befinde mich herlich dabei, schlafe gut, habe meinen ordentlichen Stuhlgang, und lebe gesund und vergnügt, leire mir eins zum Zeitvertreib, und bin frölich, wie ein Prinz.

Merkurius.

Aber sag mir, Herr Taubenschmarozer, warum Du Deinen Parnas und Deine Musen im Stich gelassen hast? Das geht da ganz skandalös zu; die Menscher, die Musen, verführen ein heilloses Spektakel.

Apollo.

Der Teufel mag da bleiben. Ist nicht die Michaelsmesse vor der Thüre? Sapperment, sol ich mich da mit jedem Barden, Liedler und Reimer enkanalliren? Die Kerls lassen einen nicht einen Augenblik in Ruh. Die Hunde, die Genies sind ja des Teufels mit Schreien und Brüllen, jeder fodert mir meine Zitter ab, und sind dabei so unmanierlich, wie die Troßbuben. Sonst war das Dichtervolk doch noch fein höflich und bat mit Ehrfurcht und Demut um meine Leier,

J 4   aber

aber heuer knuſt, ſchupt, und kriſtirt mich das Lumpenpak zum toll werden. Da bin ich's denn überdrüſſig geworden, und hab's den Muſenjung-fern überlaſſen, die haben alt Fell und können's eher aushalten, aber mir iſt mein Rükken und mein Hintrer lieber, als daß ich ihn von den Schlingeln ſolte zuſammen reiten laſſen.

Merkurius.

Aber Du ſolteſt nur ſehen, was das für 'ne lüderliche Wirtſchaft auf den Parnas iſt, es geht ärger zu, wie in den Baraken. Sieh nur, ich wuſte den Teufel davon, daß Du hier in Utopien ſtikſt und Dir die Jakke voll friſt und voll ſäufſt. Nu hatt' ich Dich lange nicht geſehn, und wolt Dich mal beſuchen, ich alſo marſch nach dem Mu-ſenberg. Da mocht' ich wol noch zehn Meilen davon ſeyn, ſo hört' ich einen Rumor und ein Geſchrei, als wenn Bacchus und Mars im Olymp mit einander zechen. Die Berge und Wälder um-her fielen in Klumpen, als wenn's jüngſte Gericht käme. Ich komme hin: proh dii immortales! was für Scandalia! Ich dacht nicht anders, als ich käm' in ein Bordel. Da liefen Dir die Men-ſcher, die Muſen, ohne Hemde herum, mit herunter.

terhangenden Biezen, Nabel und Hintern blos, mutterfadennakend, besoffen wie die Pakknechte, mit grossen schwarzen Schnurbärtern, und das Barakengesindel von Genies mit ihnen, so nakt und blos wie sie. Die Kerls schmauchten Tobak. Das war Dir ein Qualm, als wenn der ganze Berg in Feuer stünde. Dabei zechten sie, nicht aus der Hypokrene, sondern dünnen kahmichten Koffent, und brülten die lüderlichsten Gassenhauer, die ich mein Tage gehört habe.

Apollo.

Narr, das waren Volkslieder aus dem kleinen, feinen, lieblichen Almanach.

Merkurius.

Und die Grazien, die sahen nun gar skandalös aus, wie die lüderlichsten Mezen frech und unverschämt. Die Kerls, die Genies, begriffen und begrabbelten sie, daß 's 'ne Schande war, zuzusehn. Wie sie so 'ne Weile 'rumgebanachelt hatten, da kam ein Trupp fremder Gesellen an, mochten auch wol Genies seyn, denn sie wühlten mit ihren Fäusten im Dreck und warfen die andern mit Kot und lachten sich dabei halb tot über den Spaß.

J 5   Apollo.

Apollo.

Hm! Das sind Kunstrichter gewesen.

Merkurius.

Aber die andern Kerls nicht faul, bums über die Kotwerfer her, und prügelten gotteserbärmlich auf sie los. Besonders kuranzten sie einen gewissen Licentiaten, und einen langen hagern Kerl jämmerlich zusammen.

Apollo.

Abscheuliche Zucht!

Merkurius.

Ich kont den Greuel nicht länger mit ansehen, und machte, daß ich fortkam. Da bin ich denn in den Buchläden herumgestreift, und habe die Früchte von den schönen Zusammenkünften gesehn. Hör, Apollo, Du kanst Dir nicht vorstellen, was für 'ne Menge von Makulatur in den Buchläden lag. Ein Paar gute Romane, den neuen Kandide vorzüglich, ausgenommen, war das übrige alles Schofelzeug, und stank nach Tobak und Koffent. Mit unter fand ich auch ein Paar dramatische Stükke, die Meisterwerke waren, als die Oper Rosmunde. Aber das andre war auch erbärmlich. Besonders haben Dir die Gelerten

jezt

jezt einen Knif erfunden, den Leuten das Geld
für Schnikschnak aus dem Beutel zu klauben; sie
nennens Pränumeriren. Da müssen ihn die
Leute das Geld vorausbezalen; aber hilf, lieber
Himmel! wie werden die armen Seelen geprelt.
Kanst denken, daß das ärgert, wenn sie's Geld
so in'n Drek geworfen haben. Besonders hielt
man sich über ein Buch auf, das erst vor ein
Paar Wochen herausgekommen, es bunkelte sich so.

Apollo.

He, he, he! Johann Bunkel.

Merkurius.

Ganz recht! Ich hab' auch schon 's Maul
drüber aufgethan, wirst's wol gelesen haben. Das
beste ist noch, daß Daniel Chodowiecky ein Paar
Meisterstükke von Kupfern dazu geäzt hat, das
übrige taugt sonst zu nichts weiter, als —

Apollo.

Nu brauchst's nicht herauszusagen, weis schon,
was Du meinst. Je nu lieber Freund, Makulatur mus auch in der Welt seyn.

Merkurius.

Freilich wol, aber ich werde dem Johann
Bunkel mit in die neue Monatsschrift einrük-
ten

len laſſen, die ich unter dem Titel: **Kapuzi-
nerſuppe** angekündigt habe.

Apollo.

Höre Merkur, da haſt Du 'nen guten Einfal
gehabt mit der Monatsſchrift; wird aber ein vo-
luminöſes Werk werden.

Merkurius.

Freilich, und bis am jüngſten Tag dauern,
und Leſer wird's auch wol haben, bis der Erzen-
gel in die Poſaune ſtöſt.

Apollo.

Ja mein Treu, es giebt eben ſo viel Schofelzeug unter den Leſern, als unter den Schrift-
ſtellern.

Merkurius.

Freilich wol, wenn's Publikum klüger wäre,
die Schriftſteller wären auch geſcheiter, aber das
lieſt und lieſt, aber was es lieſt, und wie es
lieſt, und warum es lieſt? das kümmert ihn wenig, wenn's nur leſen kan. Ueberhaupt koint mir's
liebe Publikum vor, wie ein Menſch, der's Freß-
fieber hat; um den Appetit zu ſtillen, frißt er alles, auch, was jeden andern Magen in Empö-
rung ſezen würde, eine Paſtete von Kreuzſpin-
nen,

nen, Wanſen und Roßkäfer; Gutes und Schlech-
tes, Kräftges und Mattes, Gold und Blei, Wein
und Waſſer, alles ſchlukt's gleich begierig herunter.
Da überfüllt ſich's denn mit dem Manſch den
Magen, verdaut nicht, krigt die Verſtopfung, die
Dünſte ſteigen nach dem Kopf, das Gehirn wird
angeſtekt, und ohne Hundsſtern und Hundstags-
hize hat der Staat ein Paar Familien Narren zu
ernähren; die es auf's Tollhaus bringen laſſen
muß, wenn nicht das ganze Reich drüber zu
Grunde gehn ſoll.

Apollo.

Dii immortales! was ſagſt Du?

Merkurius.

Weisheit, Wahrheit, und Wol des Staats
ſteht auf der Kippe. An's Müſſiggehn gewont,
thun ſie nichts, ſchlampampen den ganzen Tag
herum, verhunzen zum Zeitvertreib Gottes Ge-
ſchöpfe, beſchmeiſſen die reine, ächte Schöpferna-
tur und machen ſie zu'n Schindanger, auf dem
einem allenthalben Aas anriecht. Die Gelertenrepublik wird zum Sauſtall, in dem die Ratten
und Mäuſe niſten, die ringsumher die ſchöne Got-
teswelt verwüſten, daß von ihrer emaligen ur-
ſprüng-

sprünglichen Herlichkeit nicht eine Spur übrig
bleibt.

Apollo.

Das alles, Merkur, profezeit das jüngste Gericht. Das Ende der Tage ist da, der Puls der
Schöpfung wird bald stoffen.

Merkurius.

Als wenn er nicht schon längst gestoft, als
wenn ihr lebend'ger Odem nicht schon längst ver-
weht wäre, und statt der reinen, lieblichen, edlen
Kreatur, die sonst aus dem Schos der Mutter
Erde hervorging, allenthalben Pilze und giftge
Schwämme hervorwüchsen; Geschöpfe mit Euter-
beulen, ausgedörrt, mit bretternen Lenden, hinten und vorn bepuffelt, mit verzerrten Gesichtern,
als wenn sie ein halb Sekulum an den Franzosen
laborirt, und ein Paar Schoffmal im Schwizfa-
sten gesessen hätten. Da sol denn der Künstler
schöne Idealen schöpfen, sol von den Karrikaturen
Schönheit abstrahiren, Grösse der Menschennatur lernen, und sieht nichts, als Infamität, nichts,
als Wesen, die ihm die Pest entgegenhauchen, und
wie Doktor Panglos beim Voltaire, Eiter
und

und Materie ins Gesicht speien. Schändlich, höchst
schändlich!

Apollo.

Beim grossen Zwikkelbart des Jupiters, das
ist ein gräsliches Bild, was Du da machst.

Merkurius.

Und nicht um einen Zug übertrieben. Sapperment! man möchte sich dem Teufel ergeben,
Apollo, über Dein heilloses Flegma. Da stehst
Du und deklamirst, und exklamirst! Zum Teufel,
damit ist's nicht getan. Bekümre Dich besser darum, was Deines Amts ist. Ist's ein Wunder,
daß die Hunde so hausen, wenn Du als ihr König und Herr auf der faulen Bank liegst, und
Gott den guten Mann seyn läst. Mit dem Lei-
ern ist's nicht getan. Ora et labora, heiß's Sprüch-
wort. Schande! daß ich als Bote der Götter,
einen Gott das A B C des Kristentums lehren
und ihm zeigen mus, was seines Amts ist. Pfui,
in den Hals wolt' ich mich schämen, wenn ich so
'n nichtsnuzger Lump wäre, wie Du.

Apollo.

Nicht so mausig, Herr Botenläufer! Respekt!
Weis Er, mit wem Er spricht?

Mer-

Merkurius.

O ja, mit 'nem Faullenzer, dem der Bauch
sein Gott ist, wie der Apostel Paulus sagt.

Apollo.

Superkluger Naseweis!

Merkurius.

Ja schimpfen, sonst könt Ihr auch nichts, Ihr
Schöngeisterpak, wenn man Euch auf den Zahn
fült. Widerlegen, das vermögt Ihr nicht, aber
schimpfen könt Ihr desto besser, troz den Obst-
und Heringsweibern auf dem Berlinschen Spit-
telmarkt. Ist's nicht schändlich, daß Du als
Dichtergott und Zuchtmeister der Musen und Grazien hier in Utopien herumluderst, Deinen Wanst
füllst, und auf der Mast liegst: indes es auf dem
Pindus drunter und drüber geht. 'S macht Dir
schöne Ehre, bringt Dir 'nen schönen Kredit. Ein
Garküchenschmudler magst Du seyn, aber nicht
der Dichter Gott.

Apollo.

Aber alle Wetter, Hans Räsonnör, was soll
ich denn machen? Soll ich mich von den Schuf-
ten des Genies bespeien, zerkrazen und zerknuffen
lassen? Die Bestien spielen einem ja ärger mit,

als

als die Bullenbeisser. Meine Leier haben sie mir schon ein Paarmal in tausend millionen kleine Stükke zertrümmert. Und 's war so 'n herlich Instrument lauter Wolklang und Silberton. Darfst nur die Gesänge anhören, die Klopstok, Gerstenberg, Ramler, Uz und Gleim drauf gespielt haben, und wirst hören, wie's einem so gewaltig in's Herz strömt, daß man seine Flügel in die Morgenröte tauchen, und das ganze All um sich her mit Wonnegefül umfassen möchte. Kan ich dafür, daß sie die grossen Männer jezt liegen lassen, und nun die Trosbuben drüber kommen, und sie so verstimmen, daß sie ärger schnart, wie 'ne Bierfiddel. Haben die Schlingel nicht den ganzen Resonanzboden zerschmettert? Da hat Bürger vor ein Paar Jahren sein herliches Stük die Lenore drauf gespielt, nu kommen die Hunde und wollen's ihm nachmachen, klimpern allerlei Rabengekrächz und Yageschrei drauf, und nennen's Balladen.

Merkurius.

Die Kerls kommen mir schier vor, wie Silen's Esel, der neulich auf Euterpen's Flöte spielen wolte. Den Klang hättest Du hören sollen; zum

K   Davon-

Davonlaufen war's, und nicht anders, als wenn
man 'ne Rudel Kazen zusammengebunden hätte,
und ihnen in die Schwänze kniffe. Und dabei
grif's der ungeschikte Bengel so plump an, daß
er bis über die Ohren in Drek fiel.

Apollo.

Natürlich, wie die Balladensänger. Da knä-
ten sie einen Teig von alten Wörtern, Zoten und
Schweinigeleien zusammen und streuen's als Volkspoesie unter's Publikum.

Merkurius.

Und die kritischen Trommelschläger posaunen's
als was starkes und kräftiges aus, schwadroniren
von wahrer Natur, ersten Wurf, und ächten
Volkston. Den süßen Schwaz schlukken dann die
Knaben begierig herunter, laxiren und geben ihren
Stuhlgang für 'nen Beitrag zur Volkspoesie aus.

Apollo.

Nu, und doch wunderst'u Dich, Hans Dum-
merjahn, daß ich mich von dem Lumpenpak los
mache, und nicht Lust habe, meine Nase in ihren
Drek zu stekken. -

Mer-

Merkurius.

Eben deswegen solteſt Du Deine Muſen weit beſſer in Zucht halten, daß ſie ſich nicht mit dem erſten beſten Pavian, der ihnen entgegenkömt, à la Rouſſeau beliefen. Wer meinſt Du denn, ſoll ſich noch mit den ſchönen Künſten abgeben, wenn ſolche Gaſſennikkel ſie ſkandaliren, und den Tempel der Weisheit zum Hurenhauſe machen.

Apollo.

Kanſt recht haben, Merkur, nur muſt Du mir die Muſen nicht alle über einen Kamm ſchee= ren. Z. E. Melpomene und Thalia gehören ge= wiß nicht zu dem Gelichter. Sie ſtehen jezt bei den Deutſchen in groſſen Anſehn. Kömt jezt bei= nahe nichts heraus, als Theaterſchriften, und das iſt doch ein Beweis.

Merkurius.

Daß s' Theater ſehr empor gekommen iſt? meinſt Du? Juſt die Melpomene und Thalia ſind die gemeinſten Miſtmenſcher. Sitt' und An= ſtand iſt bei ihnen eine verlegne Waare geworden, die keine Käufer findet. Statt, daß ſie ſonſt Weisheit und unterrichtende Wahrheit auf der Zunge trugen, flieſſen ſie über von Zoten und den

erbärm=

erbärmlichſten Doppelwiz. Sonſt ſchilderten ſie
in ihren Spielen, das ſittlich wahre Menſchen=
leben, aber jezt malen ſie die Natur, wie ſie un=
ter den Troß vom gemeinen Pöbel in den Ba=
raken Mod' iſt. Möcht ſie der Teufel für Göt=
tinnen halten, wenn ſie's nicht ſelber ſagten. Nakt
und blos, wie ſie Gott erſchaffen hat, und das
möchte noch hingehen, aber ohne Zucht und Scham
dekken ſie ihre geheimſten Heimlichkeiten dem Volk'
auf, und ſprechen von huren, ſcheiſſen, Waſſerab=
ſchlagen, das man ſich dabei übergeben, und in
die Hoſen machen möchte. Das iſt der Spiegel
der Natur bei dem Ludergepak, und alles ſchreit
und klatſcht, und das Volk ſagt: Amen!

Apollo.

Ich erſtaune. Iſt's möglich?

Merkurius.

Wie ich neulich Ekhof's Schatten, dieſen
groſſen Menſchenkenner und Menſchenmaler
über den Styx nach Elyſium fürte, wo ihm Hebe
die Nektarſchale reichte, und ſein Bild über Ju=
piter's Tron aufhing, bitre Tränen weinte der
ehrliche Schatten über die Schande ſeines Volks,
und verſicherte mich mit naſſen Augen, daß ihn

das

das unter die Erde gebracht hätte, und noch
manchen braven Künstler dahin bringen würde.
Wahre Schauspieler, raunt' er mir in's Ohr, find
in allen in Deutschland etwa Zehn. Und wer
meinst Du, daß die zehn Künstler gewesen wären? Ich mag mein Geheimniß nicht ausplau-
dern. Aber Du würdest das Maul sperangel-
weit aufreissen, wenn ich sie Dir nente. Da war
von allen denen, die das Geschrei groß gemacht
hat, und über die sich unsre Dramaturgen, und
schöne Geister beinahe lungenlos geschrien grade
nur zwei, die er für wahre Künstler hielt. Die
andern, meint er, wären nicht wert, Lichterputzer
zu seyn. Die Kerls, fuhr er fort, grimassiren,
schreien, zerhakken, zerfezen, und vertölpeln die Natur, daß es ein Jammer ist zu zusehen. Sie spielen den Graf **Essex** eben so korporalmässig wie
den **Paul Werner,** und den **Hamlet** eben so gas-
senlümmelartig, wie den Junker **Akkerland,** die
Weiber kreischen die **Marwood** wie die **Elfride,**
und waschen und salbadern die **Braitfort,** wie
die **Wandeln,** und meinen Wunder, was sie damit getan haben. Dafür nant' er mir ein paar
Künstler, die, ob sie schon nicht mit dem Posau-

K 3   nen-

nenschall in der Welt ausgepaukt find, wie die
andern, all den Pras der ausgeschrienen Markt-
schreier aufwiegen. Zehn wahre Künstler in ganz
Deutschland, denk' nur. Und doch kanst Du mir
glauben Apollo, daß man beinahe im ganzen heil-
gen Römschen Reich nirgends hinspeien kan, ohne
auf 'nen Trupp Komödianten zu spukken, die be-
sungen, gelobt, und in Kupfer geäzt werden.
Ob sie gleich samt und sonders, die gestikten Hosen und zerrisne Mieder nicht werth sind, die sie
tragen.

Apollo.

Ich denk', sie haben den Hanswurst verjagt?

Merkurius.

Ja, und denken Wunder, was sie für'n Knif
gemacht haben, daß sie dem wakkern Kerl das
confilium abeundi gegeben haben. Aber, bei meinen Flügelsolen! Apollo, die ärgsten Schweinhunde
von Hanswürsten haben vor zwanzig Jahren in
den Petersthorbuden vor Leipzig Tugend und
Sitten nicht halb so skandalirt, als diese Urgenien
mit ihrer Abbildung des menschlichen Lebens es
tun, das einem ärger anstinkt, als ein hundertjäh-
riger Drekhaufen.

Apollo.

Apollo.

Davon weis ich kein Wort.

Merkurius.

Schlim genug, daß Du Dich nicht besser um Deine Sachen bekümmerst. Fressen und Saufen sonst kanst Du nichts. Was kümmert's Dich, ob's Regiment besteht, ob Du nüzlich bist, die Menschen weiser und glüklicher machst, ob die Sitten geehrt oder geschändet werden, die Mu- sen keusch oder Huren sind: genug, wenn Du nur Deinen Wanst füllst. Die Leiermänner in Deutsch- land tun Dir's denn nach, verderben Zeit und Papier, huren und buben, faulen die Welt an, daß sie mit ihnen zu Grunde geht. Qualis rex, talis grex.

Apollo.

Du geräthst ja ganz in Eifer.

Merkurius.

Der Teufel mag gelassen bleiben. Nur so 'n ausgestopfter schmerbauchigter Lümmel, wie Du, kan dem Greuel ohne Galle zusehn. Je mehr ich Dich ansehe, je mehr mus ich die Hände zu- sammen schlagen. Wehe Dir, Du ausgemästeter Ungarischer Ochs am Tage des Gerichts! Ich

sage

sage Dir, es wird den Musen und der Geniebrut in Deutschland erträglicher ergehen, als Dir. Was die schönen Geister in Deutschland zu klapperdürr sind, das bist Du zu feist, Kerl, hast ja ein Paar Pausbakken, als die Posaunenengel in der Magdeburger Domkirche. Bei den Deutschen schönen Geistern verquinet die Seele im dikken Kaffeesa, und bei Dir im Fett. Po; Kreu; Bataillon, Du Schmerbauch, steh nicht und grinze immer. Ist ja gleich auf der Stelle des Teufels zu werden, daß Dir nichts behagt, als Deine gebratnen Tauben hier. Hast nun schon die ganze Zeit, daß ich hier bin, geschlungen und geschlukt, und bist noch nicht satt. Wahrhaftig Du bleibst noch dabei liegen.

Apollo.

Du kanst auch weiter nichts, als kritisiren und räsonniren. Essen und trinken, ist allein das wahre Leben. Grübeln und studiren läßt den Magen verteufelt leer. Von der Weisheit kan ich nicht leben, und vom Studiren nicht schmausen.

Merkurius.

Müssen's doch die Genies in Deutschland. Was bildst Du Dir denn ein, Kerl, daß Du
besser

beſſer haben willſt, als ſie. Je gröſſer der Geiſt, je erhabner das Genie, deſto hungriger ſieht's bei ihm aus. Sein Gehirn, und ſein Wiz mäſtet ſeine Verleger, und er ſaugt Hungerpfoten, und nagt an Knochen, wenn jener den Braten ſchmauſt. Der Autor verhält ſich zu ſeinem Verleger, grade wie der Hund zu ſeinem Herrn. Jener hält Ta° fel, und dieſer ſchnapt nach den Broſamen, die von ſeinen Tiſch fallen. Das iſt einmal der Schlen° drian in Deutſchland. Der Verleger preſt den Autor, und der Autor den Verleger. Manchmal ſchnapt der Autor ein herlich Honorarium weg, und wen's Buch 'raus iſt, mag's keiner, und der arme Hund von Verleger wird durch Schaden klug. Iſt nun einmal nicht anders. Und Du biſt nicht ein Haar beſſer wie ſie. Aber es wär wol mal Zeit, daß Du mitgingſt und ſähſt, wie's auf dem Parnas ausſieht. Hör'n und Seh'n wird Dir über den Skandal da vergehn.

Apollo.

Na, will's probiren, aber wenn mir die Leier, männer das Rükgrat zerſchmettern, ſo ſolſt Du's büſſen, Hans Plappermaul.

K 5   Mer.

Merkurius.

Wollen sie schon zusammenschmeissen, die Hunde,
wenn sie sich mausig machen. Das ist meine
Sorge. Komm nur.

Apollo.

O mein armes Gat! Wie wird dirs ergehn?

(Beide ab.)

Dritter Auftritt.
Ein Hain vor dem Parnas.

Minerva

(halbnakt mit zerseztem Gewand, und blutrünstgem
Gesicht, die Haare zerrauft, mit Kot besudelt,
ringt die Hände, und geht in heftger Bewegung
auf und nieder. All ihre Aktion verrät wilden
Schmerz. Sie rent sich mit dem Kopf ein Paarmal wider die Bäume, und bricht hernach wie folget aus.

Ha! das ist schändlich! Ich, die Göttin der
Weisheit, Spittelweibern Preis gegeben! Ein
Hohn der Gassenbuben! O Jupiter! und all ihr
Mächte des Himmels, blikt, schaut auf die Schande
Eurer Tochter!

(Täumelt wild herum, und bleibt vor einen Bach
stehn, in dem sie sich spiegelt; so bald sie sich in
dem iämmerlichen Zustand erblikt, zieht sie einen
von ihren Pantoffeln aus, und schlägt sich damit
vor die Stirn, daß das Gehirn heraussprüzt.)

Ha,

Ha, das zu erleben! Jupiters Tochter mit Kot
beworfen, bespieen, nas vor Geifern und Speien
der Büttelknechte. Erd' und Himmel was ist
dieser Parnas geworden! Apollo und ihr neun
Musen, wo seid ihr geblieben? Warum verließt
Ihr den Pindus und gabt ihm diesem Lumpengesindel Preis? Diesen Weibsbildern ohne Scham,
diesen Knaben ohne Zucht? Tod und Teufel! muß
ich das erleben, daß mein Name gebrantmarkt,
und mein Bildnis am Galgen geschlagen steht!
Dieser Bau einer Göttin zerfezt, zerkrazt von Bor-
delhuren. Dieser königliche Busen von hohen Begei-
strungen emporschwellend, blutig geschunden von
Barakenbuben? Diese seidnen Lokken ausgerauft
von Heringsdirnen, daß ich ärger aussehe, wie E l i-
sa der Kahlkopf! All meine Glieder triefen von
den Nachttöpfen des Pöbels! O es ist abscheulich!

(Zieht den Schnupftuch heraus und fängt bitter-
lich an zu weinen.)

Und ich bin noch! trage noch diese Denkmale der
Schande an meinem Leibe! stinke nach Unrat, und
vergifte diese himlischen Lüfte um mich her, mit
diesem pestilenzialschen Ausduft! Tod und Hölle!

O

O Apollo, und ihr heiligen Neun, und ihr göttlichen Grazien! Wo seyd Ihr? Hört kein Ohr auf Minervens Geschrei? Habt ihr euer Ohr gänzlich meinen Klagen verschlossen! Steh' ich nicht ärger hier, als eine Hure an'n Kak geschlossen? Abscheulicher als eine Berlinische Hökin, die Konterband gemacht, wenn sie auf öffentlicher Strasse im Spanischen Mantel da steht, und die vorübergehenden Strassenjungen ihr Drek in's Gesicht werfen? Minerva, Minerva, wie tief bist du gefallen? Daß die Pest über die Hunde käme, und Jupiters Donner dies Schweinigelgezücht zur untersten Hölle hinabdonnerte, wo Heulen und Zähnklappen ist. O ich will so nicht leben, mag so nicht fortdauern, enden will ich, schreklich, blutig!

(reißt ihre schönen Haarlokken aus, dreht ein Seil, sich dran zu erhängen.)

Ja, hängen will ich mich, bersten und mein Eingeweide von mich schütten, wie der rotbärtige Judas! Mir bleibt nichts übrig, als der Tod!

(Ist damit beschäftigt, das Seil an einem Baum fest zu machen.)

Viers

Vierter Auftritt.

Apollo, Merkur und Minerva.

Merkurius.

Nun Du dikker Wanst, hörst Du das Gebrüll, riechst Du den abscheulichen Gestank?

Apollo

(hält seine Leier unter die Nase und nimt eine
Prise Schnupftobak.)

Das riecht ja erschreklich. Alle Wetter! haben
denn die Menscher, die Musen, meinen Pindus
zum Sch — shause gemacht.

Merkurius.

Nicht anders! das Volk säuft und frißt, und so
wie's oben hineingeht, geht's unten wieder weg.
Das ist so die neue Geniezucht. Die Herren ge-
niren sich nicht, weil sie Genies sind, und das
Publikum in Deutschland verschlingt alles, was sie
machen, mit einer Gierigkeit und Gefrässigkeit,
die nicht zu beschreiben ist.

Apollo

(der Minerven gewahr wird.)

Was ist denn das für ein zerlumptes Betteln-
gesicht? Sie stinkt ja wie ein pures Aas.

Mer.

Merkurius.

Das wird wol eine von den Musenmenscheru seyn. Wir wollen sie näher besichtgen. Aber las mich vorher eine tüchtge Prise Schnuptobak neh= men, damit's meine Nase aushält.

Minerve

(die sich auf Merkurs Geschwäz umwendet, und Apollo'n und ihm zu Füssen fällt.)

He, seyd Ihr's? Erbarmen almächtige Götter! Rache!

Apollo (mit Emphasin.)

Mensch, wer bist Du? Ich kenn' Dich nicht. Mir vom Leibe! Dein Unrat klebt an meinen Kleidern. Du stinkst ja ärger als Roms Kloaken.

Minerva.

O göttlicher Apollo, kenst Du Deine Schwester, kenst Du Minerven nicht mehr?

Apollo

(der vor Erstaunen seine Leier fallen läst.) Meine Schwester!

Merkurius

(aus vollem Halse lachend.)

He, he. Minerva! Die ist schön zugerichtet! Um Gottes willen, wie kommen Ew. Herlichkeiten in diesen duftenden Zustand?

Mi=

Minerva.

Ich seh' an Euren Erstaunen, Ihr wißt nicht, wie's auf dem Parnaß zugeht. Hier ging ich her mein göttliches Geschlecht aufzusuchen, Dich an mein Herz zu drükken, Apollo, mit den Musen und Grazien einen schwesterlichen Tanz zu halten. Aber weder Dich, noch die Musen, noch die Grazien find' ich. Der ganze Musenberg wimmelt von Gassennikkeln, Pakknechten und Lumpengesindel, die mir die Haar ausrauften, mich bepißten, beschmissen — O seht nur selbst, wie schändlich ich zugerichtet bin.

Apollo.

O Du arme Schwester!

Merkurius.

Und Eure Herlichkeit kennen die Brut nicht, die sie so gemißhandelt hat?

Minerva.

Wie sollt' ich! Ich hatte nie Gemeinschaft mit dem Pöbel.

Merkurius.

Zum Henker, Fräulein, es sind eben die Musen und die Grazien, die Sie besuchen wolten.

Miner-

Minerva
(die in Ohnmacht fält.)

Ewige Götter!

Merkurius.

Da haben wir nu 'ne schöne Pastete — Dein Fräulein Schwester in Ohnmacht. Wie werden wir nu die wieder zurecht bringen?

Apollo.

Halt ihr nur ihr stinkendes Gewand unter die Nase. Ich steh davor, sie kömt wieder zu sich.

Merkurius
(thut was ihm A p o l l o befolen.)

Minerva
(erholt sich wieder und springt, wie in Fantasie auf.)

Warum weckt Ihr mich? He, wo bin ich? — Geheul, Donner! Bliz! Wetter! Rabengekrächz! Geister der Mitternacht um mich! Hu, hu! wie sie heulen. Wie sie mich verfolgen.

Apollo
(schlägt die Hände zusammen.)

Barmherziger Gott! Fräulein Schwester wird toll.

Merkurius.

Die hat beim Riechen ihrer Kleider gewis ein Stük Unrat von Melpomenen in'n Hals gekrigt. Denn

Denn das ist ganz die Faſſon in den neuen Trau⸗
erſpielen, die in Deutſchland herauskommen.

Minerva

(ſteht in ſtarrer Betäubung und bricht ſich einen
Zahn nach dem andern aus.)

Apollo.

Fräulein Schweſter! Hol mich der Teufel, das
Menſch wird toll. Sich die Zähne auszubrechen!
Leg ſie an Ketten, Merkur, ſonſt könt ſie mich für
einen Zahn anſehn, und das wär 'ne ſchöne Ko⸗
mödie.

Merkurius.

Was ich Dir ſagte, ſie hat ein Stük Drek
von Melpomenen verſchlungen. Wie ich neu⸗
lich auf der Erde war, hab' ich 'ne Tragödie ge⸗
ſehn, wo ein Menſch in der Wut einen Schingon⸗
kamm in tauſend Bißchen zerbrach. Das macht
die mit ihren Zähnen nach.

Apollo.

Nu, das Stük iſt doch ausgepfiffen worden?

Merkurius.

Ausgepfiffen? Warum nicht gar. Was iſt
natürlicher, als daß ein Menſch der nicht bei ſich
iſt, ſeine Wut an einem Kam ausläſt? Biſt Du

noch

noch nicht auf 'nem Tollhauſe geweſen? Da krazen
die Verrükten die Wände ab, und zerreiſſen die
Ketten, das iſt Natur, und alles was Natur iſt,
beklatſchen die Leute in Deutſchland. Kein Menſch
verſteht ſich beſſer auf's Natürliche, als dieſe Nation.

Apollo.

Ja, aber warum bringen ſie denn tolle Leute
auf's Theater, haben ſie nicht an den klugen genug?

Merkurius.

Weil ſie für tolle Leute ſchreiben, die das
Starke, das Kräftige lieben. Vernunft iſt viel zu
ſchwach, und matt; allein Wahnwiz und Ver-
rüktheit hat Schwung, Flug, Schnelkraft.

Apollo.

Aber zum Teufel, warum ſpert man die Kerle
nicht ein?

Merkurius.

Was das für ein dummer Einfall iſt, ein ganzes Volk einſperren zu wollen.

Apollo.

Alle Wetter, ſie werden doch nicht alle närriſch
ſeyn?

Mer.

Merkurius.

Freilich nicht, aber was wollen fünf Köpfe ge=
gen Millionen?

Apollo.

Abscheulich! abscheulich! Das muß anders wer=
den. Ich werd 'ne schrekliche Exekution vorneh=
men. Kom nur, und laß nur erst das Fräulein
Schwester wieder zu sich selbst bringen, und dann
Marsch den Musenberg hinan. Ich will die Men=
scher zusammenkuranzen.

Minerva
(aus der Betäubung erwachend.)

O Apollo!

Merkurius.

Gratulire, Fräulein, daß Sie wieder bei Ver=
stand sind.

Minerva.

Wo war ich! Was tobte in meinem Einge=
weide! Es brente wie Pech, und mein Gehirn
loderte wie ein Scheiterhaufen.

Merkurius.

Euer Gnaden hatten ein Stük von 'ner neuen
Tragödie 'runtergeschlukt.

L 2   **Apollo.**

Apollo.

Nu Schwester kom. Wir wollen Dich ein Bißchen in der Hypokrene abwaschen.

Merkurius.

Ja, wenn sie die Musen nur nicht zum Kloak gemacht hätten. Da ist kein Tropfen Wasser mehr drin, denn sie haben all ihren Unrat' neingeschmissen.

Minerva.

Fi dich an! meine Hypokrene mit Mist anzufüllen! Was fang' ich nun an?

Apollo.

Nun so müssen wir sonst sehn, wie wir sie reinigen — Aber sieh Merkur, hol mich der Teufel, mein Fräulein Schwester kan kaum auf Einem Beine stehen — Melpomenen's Unrat hat sie ausser aller Fassung gebracht.

Merkurius.

Na, ich will sie schon aufladen — (zur Minerva.) Wollen Ew. Gnaden mir nur aufhukken, so will ich sie schon an Ort und Stelle bringen.

(Minerva hukt ihm auf.)

Apollo.

Nun so komt nur einmal auf den Parnas.
(gehn in den Hain.)

Fünf=

Fünfter Auftritt.
Der Parnas.

Ein schrekliches Gewimmel. Die Musen von Kopf zur Zeh nakt und bloß; die Haare zerzauft. Die Grazien zerlumpt und zerfezt. Die neuern Genien auf Eseln, Schweinen, und Besenstielen reutend, allerhand Gruppen formirend. Geschrei, Gebrüll, Geheul, Kazbalgerei, Raufen, Fluchen, Sakermentiren, Wettern, Notzüchtgung, kurz alles, was die feurigste Einbildung eines Genies nur schaffen und bilden kan, stelt der Parnas vor.

Algemeines Chor.

Lustig, freßt und saufet,

Lärmt und brült und raufet

Paart Euch nach Belieben!

Ordnung, Sittsamkeit

Zucht und Ehrbarkeit

Laßt zum Teufel stieben.

Chor der Musen.

Sonst hörten wir zu dem Orden

Der keuschen Jungfern, ha ha!

Nun sind wir Huren geworden

Befinden uns herlich, ha ha.

Chor der Grazien.

Den Weisen sonst alleine,

War unser Reiz bekant:

Jezt

Jezt gehn wir vor die Schweine,
Jezt werden wir galant.

Chor der Genieen.

„Trinkt nach Gefallen
„Bis man die Finger darnach lekt,
„So hat's Euch allen
„Recht wol geschmekt. "

Algemeines Chor.

Laßt uns jubeln, laßt uns singen,
Und nach Noten in uns schlingen,
Nach Herzenslust saufen,
En Rousseau belaufen,
Heute mit der und morgen mit dem
Veränderung ist gar angenem.

Chor der Musen.

Ueber Sonnen hinweg
Unser Flügel sonst trug;
Jezt sinkt unser Flug
Tief herab in Drek;
Zum Götterfize
Komt unser eins nicht mehr,
Wohnt in stinkender Pfüze,
Kömt der Natur so näh'r.

Chor der Grazien.

Feine Scherze
Wie die Weisheit sie spricht
Scherz der lehrt und unterricht't
Floß sonst von unsren Lippen.
Zoten kannte unser Herze
Schweinerein unsre Seele nicht.
Aber seit dem wir
Für und für
Fuselbrantwein müssen nippen,
Mit den neuen Genieen;
Seitdem ziehn
Zucht und Ehr, und fliehn
Unsere Schritte.
Aber dafür
Malen auch wir
Jegliches Standes Sitte
In Handwerksgelagen, auf Bierbänken.
Man kan nichts schändliches denken,
Wir Grazien, wir,
Wir stellen es für,
Und schildern mit Klarheit
Auch stinkende Wahrheit.

L 4   Chor

Chor der Genieen.

„Hat nun ein jeder
„Sein Pfeifchen Tobak angebrant,
„So nehm er wieder
„Das Glas zur Hand.
„Den schwarz und gelben
„Hat selbst Apollo präparirt,
„Und uns denselben
„Rekommandirt.

Algemeines Chor.

Habt Ihr gesoffen
Und Euch beloffen
Habt Ihr nach Noten
Unzucht getrieben,
Legt Euch, Ihr Lieben,
Nieder zum Schnarchen
Den Aristarchen
Die uns verlachen,
Die uns verspotten,
Gern uns ausrotten
Möchten, nach Noten;
Ihnen zum Spotten
Fahrt fort so zu leben

Sitte

Sitte umkehren,
Ordnung zerstören,
Alles verfumfeien
Und zu verheien;

Müst Euch bestreben,
Zur Ehr der Geselschaft,
Zum Ruhm der Schnelkraft.

Chor der Musen.

Bedekt mit Gewändern,

Mit Rosenbändern

Den Leib keusch umwunden,

Gingen wir eh;

Zu diesen Stunden

Laufen und gehen

Vom Kopf bis zum Zehen

Wir nakket und blos,

Und die Genien

Klein und gros

Sehn mit Entzükken

Und gierigen Blikken

Nakkend und blos

Die Steise uns glühen

So sich begeisternd schikken

In's Publikum

L 5

Sie

Sie Schauspiel, Oden, und Lieder.
Hoch schallet ihr Ruhm
Vom Himmel zur Erde hernieder.

Chor der Grazien.

Sittsam, bescheiden,
Kamen vor Zeiten
In unsere Festen und Freuden,
Götter und Weise;
Mischten im Kreise
Der Grazien sich.
Jezt kommen Bierlümmel
Schweinhunde und Eseltreiber
Entweih'n unsre Leiber.
Des freuet sich das Lumpengelichter,
Des freu'n sich die Kunstrichter,
Tun sich vergnügen
Daß so die Künste gestiegen.

Chor der Genieen.

„Ecce quam bonum
„Bonum ac jucundum
„Habitare fratres
„In unum.‟

Sechster

Sechster Auftritt.

Apollo. Merkurius und Minerva.

Merkurius (Minerven absezend.)

Hier gnäd'ges Fräulein, sezen Sie Sich nieder. Nun soll die Exekution losgehn, und Ew. Gnaden sollen Satisfaktion haben.

Minerva.

Ich bitte, deh = und wehmütig darum.

Apollo.

Nur Geduld, Fräulein, es soll gleich vor sich gehn.

Merkurius.

Heda, Ihr Nikkels, Ihr Musenmenscher, und Ihr Huren, Ihr Grazien, haltet einmal Euer unverschämtes Maul. Und Ihr Hunde von Genieen schmeißt Eure Tobakspfeifen weg. Apollo und Minerva lassen Euch vor's Konzilium laden. In 'ner Stunde wird Konses gehalten, da solt Ihr Rechenschaft geben von Eurem Luderwandel. Hört Ihr, Ihr Lumpenpak?

Eine von den Musen.

Was ist das für'n Schlingel, der sein Maul so gotlos aufreißt? Was untersteht sich der Kerl?

Pak

Pak Dich, Du Flegel, oder es soll Dir erbärmlich mit gespielt werden. · Was bildest Du Dir ein, Du Schlingel, daß Du kömst und uns die Ohren volschreist?

Merkurius.

Ich will Euch beschlingeln, der Flegel soll Euch zwischen den Zähnen stekken bleiben. Du ausgelasnes Weibsstük, weist'u nicht, mit wem Du sprichst?

Die Muse.

O ja, seh wol, daß ich mit dem Spizbubengott spreche, mit 'nem lumpichten Botenläufer.

Merkurius.

Da nim das auf Dein Lästermaul, Du Sau. (Schlägt sie aufs Maul, daß sie hinstürzt.)

Die Muse.

Auweh! Hülfe, Hülfe! Spizbuben, Strassenräuber!

Eine Grazie.

· Sapperment, was ist das für'n Flegel? Seht mal Ihr Herren, wie das Rindvieh die Musen zusammenprügelt. Schmeist den Kerl mit Drek.

(Merkur wird mit Drek beschmissen.)

Apollo.

Apollo (erzürnt.)

Euch soll der Teufel zusammenreiten. Alle Wet-
ter, was ist das für Zucht, meinen Leibpagen mit
Dreck zu schmeissen? Wart, Du Schindluder!
(Nimt seine Leier und schlägt die Grazie hinter die
Ohren, daß sie blutet.)

Ein Genie.

Alle Hagel, was giebt's da? He Brüderchen,
seht mal den Skandal. Pereat, pereat Apollo!

Merkurius.

Wollen Euch's Maul schon stopfen, Ihr Lum-
penhunde, und Du Hans Naseweis da, solst der
erste seyn, der den Hals bricht. (Erwischt ihn und
wirft ihn den Berg hinunter.)

Apollo.

Vor's Gericht, Ihr Flegel. Solt gezwikt werden. Merkt's Euch, in 'ner Stunde bin ich wieder da, da will ich Euch zusammenkuranzen. Kom
Merkur, ich kan's vor Gestank hier nicht aushalten. Kom ein Bissel in die freie Luft. Du, Fräulein Schwester, gieb mir den Arm. Hernach
soll's losgehn.

Mi-

Minerva.

Tauſend Dank. Schone ſie nicht, Apollo, die Beſtien. Zwik ſie rechtſchaffen.

Merkurius.

Was ſchonen? den Staupbeſſen ſollen ſie haben, die Kanalien.

Apollo.

Komt Fräulein, ſolt Satisfaktion haben. Verlaßt Euch drauf.

(alle ab.)

Zwei=

Zweiter Akt.
Parnas.

Erster Auftritt.

Merkurius
(beschäftigt den ganzen Pras von Musen, Grazien und Genieen an einen Pfal zu binden.)

Da steh, lüderliche Bagage, bis Apollo und Minerva komt. 'S wird 'ne verfluchte Exekution geben. Sapperment, der Kizel sol Euch vergehen. Solt nach Notdurft gezüchtigt werden, Ihr Lumpenpak. Habt lange genug wie die Schweine gelebt, und mit Eurem Mist die Gelertenrepublik angestänkert. Aber wartet nur, jezt sollen Eure Steise so zusammenkarbatscht werden, daß Ihr nicht stehen, gehen und sizen solt. Sol einmal ein Ende werden, mit dem heillosen Skandal. Wenn's länger so fortgegangen wäre, hätten wir alle in Eurem Mist krepiren müssen. Der Himmel möge sich über Eur Gat erbarmen — 'S wird gottesjämmerlich drüber hergehn, das versich'r ich Euch. Solt künftig das Skandaliren schen

schon bleiben laſſen, ſtehen Euch davor. Allen
Unrat den Ihr ausgeſchmiſſen habt, ſolt Ihr freſſen, und wenn Ihr dabei krepiren müſtet.

Die Deliquenten alleſamt.

Gnade, Merkur, Erbarmen. 'S war der Ton
unſers Jahrhunderts.

Merkurius.

Apoll wird Euch den Ton des Jahrhundert
ſchon anſtreichen, Ihr Schweinegezücht. Er wird
Euch zuſammenarbeiten laſſen, daß Euch's Blut
zu Ohren und Naſen, und noch wo anders her-
ausſtrömen ſoll. Denkt Ihr Beſtien denn, daß
Ihr umſonſt Zucht und Ordnung umgekehrt, umſonſt die Tempel der Weisheit zu Hurengelagen
gemacht habt? Da kömt Apollo und Minerva
ſchon her. Kreuzbataillon, Ihr Beſtien, wo Ihr
Euch rührt!

Zweiter Auftritt.
Apollo, Minerva, Merkurius.

Merkurius.

Da, Apollo, hab ich die Lumpenbrut zuſam-
mengebunden, und will einen nach dem andern vor
Deinen Richterſtul füren.

Apollo.

Apollo.

Gut fo, Merkur, (zu Minerven.) Sezt Euch,
Fräulein Schwester, folt Satisfaktion haben.

Minerva (fezt sich neben Apollo.)

Ich dank Euch deß = und wehmütig — Laßt sie
vor die Hunde!

Merkurius.

Gleich, Gnäd'ges Fräulein!

Dritter Auftritt.

Vorige. Merkurius (bindet eine Muse los.)

Die erste Muse

(fezt sich vor Apollo nieder und frißt Eicheln.)

Apollo.

Mensch! wie heißt Du? Bist Du ein Schwein?
Liegst Du auf der Eichelnmaßt? Zum Teufel, ist
das ein Fraß vor die Musen, mit den Schweinen
aus Einem Trog zu fressen?

Die Muse.

Verzeihn Eure Gestrengen. Schlecht genug,
daß Eure dichtrische Herlichkeit, Sich so schlecht
auf die Allegorien verstehn. Haben Euer Gnaden die neuern Musenalmanache gelesen? Da
stehn lange schwerfällige Oden drin, die kein

M   Mensch

Mensch versteht und nicht verstehen soll, da kränzen sich die Barden mit Eichenlaub, rufen den Wodan an, und singen von Wallhalla, krächzen von Tod für's Vaterland, und schimpfen auf die Könige und Fürsten, weil sie ihnen Zoll und Abgaben geben müssen, keine Kontrebande machen, und keinen fremden Tobak rauchen dürfen. Ich bin die Muse von den Herrn, die Bardenmuse. Die französchen Lekkereien veracht' ich. Brod, Bier, Wein und Fleisch, sind für die Weichlinge. Die alten Deutschen assen Eicheln, machten nach Gelegenheit unter sich hin, wann sie ofnen Leib krigten. Damals waren sie noch nicht so delikat, ihren Hintern erst auf eine bretterne Brille zu sezen, wenn sie ihre Notdurft verrichten wolten. O alte Deutsche Redlichkeit, wo bist Du hingeflohen? Jezt pflanzen sie ihr Gat gar auf 'nen bepolsterten Nachtstul. O Deutsche Sitte, o Deutscher Sinn, wo bist Du hin?

Minerva.

Bei der heiligen Jungfrau, Herr Bruder, das Mensch ist toll.

Apollo.

Apollo.

Bei'm Teufel ja. Abſcheulicher Schweinigel,
meinſt Du, die alten Deutſchen wären ſolche un-
ſaubre Geſellen geweſen, wie Du und Dein Gelichter. Zum Schweinorden magſt Du gehören,
aber nicht zur Dichterklaſſe. Und damit Du zu
Deines Gleichen kömſt, ſo ſolſt Du von nun an
mit ſamt Deinen Lumpen in den Almanachen
künftig auf allen Vieren herumkriechen, aus dem
Trog freſſen, aus den Pfüzen ſaufen — Kurz,
von nun an biſt Du mit allen Deinen Barden-
ſängern dem Geſchlecht der Schweine einverleibt.

Die Muſe

(wird zum Schwein, grunzt, und nachdem ſie ihren
Haufen Eicheln aufgefreſſen, peitſcht ſie Merkur vom Parnas herunter.)

Merkurius.

Eine Exekution wäre vorbei, nu die andre.
(geht und bindet die Muſe los.)

Vier-

Vierter Auftritt.

Vorige. Die zweite Muse.

Die Muse

(sezt sich gleichfals vor dem Apollo nieder, frißt
alte Lumpen, verschimmelte Knochen, und den
Kot, der um sie liegt. Nach einer Pause geht das
Verschlukte durch den natürlichen Gang wieder
von ihr. Ein Trupp von Genieen, der ihr ge=
folgt, ist ihre Exkremente mit gierigem Appetit,
und schreit: Volkslieder!)

Apollo.

Pfui, Teufel, ein infamer Gestank! Fräulein
Schwester, eine Prise!

Minerva.

Ist wol nötig. Ich falle beinahe von meinen
Sessel. Da! (nemen beide Tobak.)

Apollo.

Was bist Du denn für ein saubres Aas! Du
unhöfliches Weibsstük! Hier, vor meine Nase,
solchen Unrat auszuwerfen, das ist zu toll!

Die Muse.

Bin die Balladenmuse — Kenst mich wohl!
Wärme alten Kohl und alten Drek in kahlen Rei=
men auf, verstüml' die Sprach, verhunze das
Deutsche, mache grauerlichen Klang von Worten.

Stehl

Stehl aus den Fleischbuden verschimmelte Pa-
piere, und neme die Lieder, die die Schusterknechte
in vorigem Säkulum sungen, und bringe sie in
erbärmliche Reime. Da ist kein alter Fezen, kein
zernagter Knochen, der schon ein Paar hundert
Jahre in Kote modert, ich klaub' ihn hervor, freß'
ihn, mach' ihn wieder weg, und die Balladenlie-
derdichter, fangen meinen Stuhlgang auf, und
rükken ihn in die Musenalmanache ein. Hast Du
mein Geschrei nicht gehört? Es klingt, wie Eselgeschrei; aber ich singe für's Volk und mus faß-
lich seyn.

Apollo.

Nu so werde Du denn mit samt Deiner Zunft
zu Eseln.

Die Muse und Balladensänger
(verwandeln sich in Esel und schreien)
Ya, Ya, Ya.

Merkurius.

Ha, ha, ein komischer Einfall! die Volksdich-
ter zu Eseln zu machen. Die werden ein Geschrei
machen in den Almanachen. Ha, ha, (geht und
bindet die dritte Muse los.

M 3 Fünf-

Fünfter Auftritt.

Vorige. Die dritte Muse.

Die Muse

(hat die Bildnisse grosser Männer in der Hand, und
bespeit und begeifert sie.)

Minerva.

Ist's möglich, meine Lieblinge? Meine ersten
Zierden in Deutschland, von dem Weibsstükke an-
gespieen, und begeifert!

Apollo.

Mensch, was beginst'u? Wer bist'u?

Die Muse.

Die kritische Muse, wenn Euer Gnaden erlauben. Ich bin ein Esel, und dumm wie ein
Schaaf, und aus dem Grunde kan ich's nicht leiden, daß kluge Leute neben mir existiren sollen.
Aus Bosheit und Dumheit spei ich ihnen meinen Speichel in's Gesicht, und die Dumjungen
in Deutschland (der Haufen ist weit stärker, als
die klugen) folgen meinem Beispiel. Sie denken,
weil ich an Bibliotheken und Journalen
mitarbeite, so muß ich Recht haben. Die ersten
Köpfe in Deutschland müssen sich's gefallen lassen,

daß

daß ich sie wie meinen Spukkasten ansehe, in den ich meinen überflüssigen Unrat hinwerfe.

Minerva.

Verwägnes Weibsstük! Erlaubst Du mir, Apollo ein Urteil auszusprechen?

Apollo.

Recht gern, Fräulein Schwester.

Minerva.

So verwandle sich das übermütge Mensch in'n Spukkasten, in den wir und alle wahre Genieen Deutschlands hineinspeien.

(Die Verwandlung geschieht. A p o l l o und
M i n e r v a spukken hinein.)

Merkurius.

Da, von mir auch ein Klekschen. (spukt hinein und bindet die v i e r t e M u s e los.)

Sechster Auftritt.

Vorige und die vierte Muse.

Die Muse

(mit 'nen grossen Blaselbalg, den sie gehn läst.)

Apollo.

Was ist das wieder für ein Auftritt? Was das Mensch für Wind macht! Was ist Dein Geschäft, Weibsstük?

Die

Die Muſe.

Ich filoſofire. Wenn Du unſre heutige Filoſofen ſtudireſt, wirſt Du bald in allen ihren Werken den Blaſebalg merken, und jemehr ſie ihn
brauchen, deſto angeſehner ſind ſie. Alle Filoſo-
fie iſt Wind, und alle Filoſofen Blaſelbälge. Sie
ſchikken ſich gut zu Wetterhänen auf'nem Thurm,
die vom Winde hin und her getrieben werden.

Apollo.

Nu ſo werde zum Wetterhan, und mit Dir
Deine ganze Sekte!

(verwandeln ſich in Wetterhäne.)

Merkurius.

Die filoſofiſche Zunft in Wetterhänen auf den
Dachgiebeln verwandelt. Ha, ha. Was man
nicht alles erlebt. Gottlob! daß nu ein Bißchen
Windſtille in der Gelertenrepublik iſt! Aber wei-
ter! Die andern Menſcher müſſen auch an'n
Tanz! (bindet die f ü n f t e M u ſ e los.)

Sie

Siebenter Auftritt.

Vorige und die fünfte Muse.

Die fünfte Muse

(bleich und abgezehrt, mit holen Augen, an einem
Stük vermodertes Fleisch nagend.)

Minerva.

Heiliger Johannes von Nepomuk! Was ist
das für ein Geschöpf! Klapperdürr' und knöchern,
als wenn's die Erbsünde wäre, die Augen tük-
kisch im Kopf liegend, den Mund zum schändli-
chen Grinzen verzerrt. Fui, appage Satanas! Weg
von mir! Fertge sie ab, Apollo! Ich kan sie nicht
sehen, mag sie nicht sehen.

Apollo.

Schändlich! Schändlich, wie sie aussieht, und
der Odem, der ihr aus Maul und Nase steigt.
Dieser Qualm, der mich aller Sinne beraubt.
Sage mir Du grüngelbes Gesicht, dürres Ge-
rippe, hämische, schielichte, Belzebubslarve, wer
bist Du?

Die Muse.

Die Satyrische Muse, wie ich sonst hies. Aber
das Feld ist mir zu klein, ich hab's verlassen.

M 5 Thor-

Thorheiten angreifen, ist nur für die kleinen Geister, nicht für die Genieen. Wir fallen über den guten Namen der Menschen her, zernagen ihre Ehre, begeifern die gröſten Männer, die jederman anbetet, sind ausgemachte Egoisten, wir wollen Alles in Allen ſeyn, uns gefält nichts, als was wir gemacht haben. Und hat einer was guts gemacht, machen wir Pasquille drauf. Kurz, wir leben von den Aeſern abgeſtorbener guter Namen. Das iſt unſre Nahrung, unſer Ambroſia.

Apolio.

Pfui Teufel! Heulen und Zähnklappen ſolte Dich erwarten ſchamloſe Beſtie. Du und Deines Gleichen, ſind das Schändlichſte in der Geſelſchaft. Lieber unter Spizbuben gelebt, als unter Pasquillanten. Werde denn, was Du Deinem Karakter nach ſchon biſt, werde zum Miſtkäfer, wühle in Kot und Aas, wie in Deinem Elemente herum.

(Die Verwandlung geſchieht. Sie fliegt mit ihrer Sekte davon und hinterläſt einen abſcheulichen Geſtank.

Merkurius.

Um Gottes willen, eine Priſe, Fräulein Minerva. Die Beſtien haben ein Paar Epigrammen

men nachgelaſſen, und die ſtinken verteufelt —
(nimt eine Priſe und bindet die ſe ch ſt e Mu ſe los.)

Achter Auftritt.

Vorige und die ſechſte Muſe.

Die ſechſte Muſe

(macht ſchamloſe Kreuzſprünge, ſchießt Purzelbäume,
ſchlägt ſich auf die Hinterbakken und lacht
aus vollem Halſe.)

Minerva.

Meinen Fächer, Apollo! Das iſt ja ſchändlich.
Wie kan ſich die lüderliche Meze unterſtehn, in
dieſen ſchamloſen Aufzug unter unſere Augen zu
treten? Da, gieb ihr meine Saloppe.

Apollo.

Da unzüchtiges Weibsbild, bedekke Deine
Schaam wenigſtens mit dieſem Mantel.

Die Muſe.

Geh zum Teufel mit der Schwerenotslappe.
Bekümmert Euch um Euch ſelbſt Ihr Kanalien-
bagage!

Minerva.

Das Menſch iſt den Baraken entlaufen. Sie
ſpricht wie ein Gaſſenniktel.

Die

Die Muse.

Einen Drek auf Deine Nase, Du keusche Diana!
Zähme Deine Zunge. Du Maulaffengesicht, wenn
Du nicht eine ganze Ladung Drek auf Dein Maul
haben willst.

Apollo.

Bestie! wie nennst Du Dich!

Die Muse.

Thalia, Du Eselsgehirn!

Apollo.

Gerechte Götter! diese schamlose Hure ist
Thalia!

Die Muse.

Hure? Hure nenst Du mich, Du Rindvieh.
Kerl, hab ich mit Dir gehurt? Was geht's Dich
an, dikkes Mastvieh, wenn ich mich von den Genieen notzüchtigen lasse? Was brauchst Du Deine
Habichtsnase in meinen Drek zu stekken? Was
starst'u mich an? Da guk hieher, wenn Du guk-
ken willst. (kehrt ihm den blossen Hintern zu.)

Minerva.

O Vesta, und Maria, ist's möglich?

Die

Die Muſe.

Was wolt ihr? Ha laſt nur meine Schweſter Melpomenen erſt kommen, die wird Euch ſchon die Kolbe lauſen.

Apollo.

Bring ſie Merkur.

Merkurius.

Die iſt auch ein ſchönes Vieh geworden. (geht ſie los zu binden.)

Apollo.

Und Du, lüderliches Menſch, unterhältſt jezt die Deutſchen, amüſirſt ſie?

Die Muſe.

En merveille, Du Hund! Die Deutſchen ha‐ ben ein Bißchen mehr Geſchmak, ſind Liebhaber der Natur, die Du verkenſt. Wenn ſie mich mit meinen Purzelbäumen ankommen ſehn, und mei‐ nen bloſſen Hintern erblikken, rufen ſie laut: Bravo! und klatſchen, daß das Theater einfallen möchte.

Minerva.

O Geſchmak, o Scham, o Sitte, wo ſeyd ihr hingeflohen? O Deutſchland, Deutſchland, was iſt aus Dir geworden!

Neun‐

Neunter Auftritt.
Vorige und die siebente Muse.

Die siebente Muse

(mit verzerrtem Gesicht, und einem Maul, als wenn
sie einen fressen wolte, mit hervorgequelten Augen,
einer grossen Haknase, das Haar lüderlich um den
Kopf fliegend, mächtig auftretend, daß der Par=
naß bebt, und mit einem Geschrei, daß Apollo
und Minerva von ihren Sesseln fallen.

Was wolt Ihr, Ihr Scheiskerle? Laßt mich,
oder die Schwerenot soll Euch regiren. Laßt mich
zufrieden, Ihr Kanaljenpak. Was ist das für
Sitte, mich Melpomenen, die tragische Muse, am
Seil herein zu schleppen?

Apollo
(der wieder aufgestanden ist.)

Willst'u Dein verwägnes Maul halten Du
Trampel?

Melpomene.

Leckt mich im Arsch. Habt Ihr's gehört? Könt
zum Teufel gehen, wißt Ihr's? Scheis Euch was,
pis Euch was! (nach und nach in tragischen Afekt
kommend.) Ha, mir so zu begegnen! (macht ei=
nen Fußschneller.) Alle Schwerenot! (geht auf
Apollo los, krigt ihn bei den Haaren, klammert
sich

sich um ihn, drükt ihm in Afekt, wie unsre tragische Aktrisen, die Hände blau, sült sich auf der
Erde herum, kurz agiret ganz, wie unsere moder-
nen Schauspielerinnen.)

Apollo (hält sie zurük.)

Weg!

Melpomene

(krigt Konvulsionen, schreit wie ein Zahnbrecher,
und fält mehlsatschwer, wie todt auf die Erde.)

Apollo.

Weh, das Mensch krepirt!

Merkurius.

Nicht doch. Das ist nur eine Aktion. Heuer
fallen die Leute bei der geringsten Gelegenheit auf
dem Theater in Ohnmacht.

Apollo.

Nun so fall in's Teufels Namen.

Melpomene

(wild auffspringend, und wie toll herumfahrend.)

Hekate, Megära, Tysiphone! Hört Ihr nicht?
Hört Ihr nicht? Tretet den Hund heut zu Mus,
tretet ihn zu Drek.

Apollo.

Dii immortales, das Mensch ist toll! Ist's möglich, dieses Gassenmensch, das immer mit Schwerenot und Scheisterlen um sich wirft, ist Mel-

pomene

pomene, die ehemalige Vertraute von **Euripides,**
und Sophokles. Dieß wie toll herumlaufende,
wie ein Höckerweib schreiende Ungeheuer, ist die
tragische Muse, die sonst mit sittsamer Größe um
eine Starkin schwebte! Abscheulich, schändlich!
Und das nennen die Deutschen groß? Das beklat-
schen sie? O Schande, Schande!

Minerva.

Und was soll mit den beiden Weibsbildern
werden?

Apollo.

Melpomene soll aufs Tollhaus, da soll sie mit
Hundepeitschen zur Räson gebracht werden.

Merkurius.

Und Thalia, und die Grazien, und was sonst
noch da ist?

Apollo.

Sollen samt und sonders den Staupbesen bekommen.

Merkurius.

Aber wer soll ihnen den geben? Welcher ehr-
licher Kerl wird des Henkers Amt verwalten?

Zehn-

Zehnter Auftritt.

Vorige und ein Trupp Journalisten und Zeitungsschreiber.

Einer von ihnen.

O Apollo, überlaß uns das Amt, wir sind zu Büttelsknechten geboren. Wir wollen sie schon zusammenpeitschen.

Apollo.

Meinthalben! Aber so bald Ihr Euer Amt verwaltet habt, laß ich Euch bei den Beinen aufhängen. Ihr seyd so gut eine Pest des guten Geschmaks, wie jene. Wolan! die Erekution gehe vor sich.

(Volziehung der Erekution.)

Apollo.

Da, Fräulein Schwester! Ihr habt Satisfaktion. Nun wollen wir nach dem Olymp und beim Nektar und Ambrosia den Skandal vergessen. Und künftig soll Zucht und Ordnung wieder auf dem Parnas hergestelt werden. Gotlob, daß der Skandal vorbei ist.

(Apollo und Minerva ab.)

N   Eilf-

Eilfter Auftritt.
Merkurius (allein.)

Ha, ha, ha. Das war 'ne allerliebste Exekution! Der ganze Parnas auf einmal wie gekehrt. O Du armes Deutschland, jezt sieht's windig in Dir aus. Deine Bardensänger Schweine, Deine Volksliederleirer Esel, Deine Kunstrichter Spukkasten, Deine Filosophen Wetterhäne, Deine Satirenschreiber Mistkäfer, Thalia, die Grazien mit dem Staupbesen gebrandmarkt, Melpomene im Tolhaus, die Journalisten und Zeitungsschreiber bei den Beinen aufgehangen. Herlich, herlich! wenn das wahr wäre, wenn all das Unheil, das die grossen Genies angerichtet, abgetan wäre; aber leider, leider! ist's nur 'ne dramatsche Fantasei!

(ab.)

Autor's Epilog.

Eine Pushand Dir, werte Christenheit,
Wenn mein Hanswurst mit dem hölzernen Sat,
Und meine dramatsche Fantasei
Dir nicht ganz übel behagen tat!
Ist mir gar angenem mein Treu!
Und füllt mich von oben bis unten mit Freud.

Hab

Hab pudelnärsche Dinger geschrieben,
Ist ein Gemengsel von Kraut und Rüben,
Völlig nach neusten Maaß und Schnitt!
 Holla, holla. Hör Pferdes Tritt,
Kömt immer näher, kömt immer weiter
Mir auf den Hals! Hinni, hinni,
Der Rappe wiehert, hi, hi, hi.
Sieh da, sieh da der Altonaer Postreuter,
Ha, wie er vorn und hinten ausschlägt,
Ein jämmerliches Spektakel erregt
Ueber meinen Hanswurst und meinen Apoll,
Als wär' er rasend, als wär' er toll.
Macht ein Gelärme im ganzen Lande
Und schreit und tobt: o Sünd und Schande!
Wiegelt seinen Freund, den Senior auf,
Der steigt auch auf seinen Rappen herauf,
Und in dem schwarzen Zeitungsplan
Fährt er mich armen Autor an.
Dank Ihm, Herr Postreuter, dank Ihm
 gar schön,
Und Seinem Herrn Senior und geistlichen Vater.
Solt beide, Ihr werten Herrn, dafür
Im zweiten Teil vom Marionettentheater,
Von Kopf bis zu Fuß Eur Ebenbild sehn.

 N 2 Ist

Ist ein gar grosses Gaudium mir,
Kömt mir ein neues Original für:
  Ein neuer Staub. O wehe mir,
Ich armer Schelm erstikke schier.
Da gallopirt mit mächtigen Schritten
Ein ganzer Trupp Kritikaster daher,
Kommen auf Gäulen und Eseln geritten,
Von Journalisten ein grosses Heer,
Schimpfen meinen armen Hanswurst gar sehr.
Und schreien laut: Was für ein Vieh,
Mishandelt unsre grossen Genie,
Skandalirt unsre grossen Männer und Meister,
Blamiret Deutschlands erste Geister!
Doch mit Verlaub, Du Windbeutelbrut,
Du lügst, Hanswurst das niemals tut.
Hat allen Respekt für's wahre Talent.
Aber nicht alles, was Ihr so nent,
Ist wahres Genie, ist wahres Talent.
Nicht die grossen Genies, Ihr seyd allein
An'n Pfal gestelt: Ihr solt es seyn
Die er mit sei'm Pritschholz zusammenkarbatscht.
Genieen will er nicht skandaliren,
Tut sie von Herzen veneriren,
Euch nur, Ihr Hunde, will er blamiren,
Und so Adieu — Nu Leser klatscht!